全面超越卡耐基激励型成功学和罗伯特·T.罗伯特投资理财型成功学

迄今为止世界上最先进的创富思维

财富共振

[新西兰]陈维靖　张　盟　著

暨南大学出版社
JINAN UNIVERSITY PRESS
中国·广州

WEALTH

图书在版编目(CIP)数据

财富共振 / 陈维靖，张盟著. —广州：暨南大学出版社，2008.4
ISBN 978-7-81079-981-2

Ⅰ. 财… Ⅱ. ①陈…②张… Ⅲ. 成功心理学—通俗读物 Ⅳ. B848.4-49

中国版本图书馆 CIP 数据核字（2008）第 028273 号

出版发行：暨南大学出版社

地 址：中国广州暨南大学
电 话：总编室（8620）85221601
营销部（8620）85225284 85228291 85220693（邮购）
传 真：（8620）85221583（办公室） 85223774（营销部）
邮 编：510630
网 址：http://www.jnupress.com http://press.jnu.edu.cn

排 版：暨南大学出版社照排中心
印 刷：暨南大学印刷厂

开 本：787mm × 960mm 1/16
印 张：10.5
字 数：125 千
版 次：2008 年 4 月第 1 版
印 次：2008 年 4 月第 1 次
印 数：1—8000 册

定 价：20.00 元

把“成功”和“努力”两者简单联系在一起，那只是一个成人童话，如果您不想辛苦一生两手空空，就别信它；把“储蓄和投资”当作成功的途径，缓慢而风险巨大，如果你自认运气一般，就别指望它。每个成功的人都知道，财富积累是内在与外界巨大力量共振时在极短时间内完成的。本书就是用放大镜来观察这一过程，告诉读者成功是怎样一种力量爆发和如何寻找、驾驭这些机会的。

——作　者

财富

目　　录

Contents

引　子

烧一盘好菜，需要有上好的原材料，但即便都用最好的原材料，经不同厨师的手，做出来的菜的色、香、味也往往有天壤之别，这就是为什么世界上好菜谱的数量永远超过优秀厨师的数量——要烹饪好菜不仅要知道用什么材料，而且更需要掌握火候——这就是菜谱中所没有点出的“神韵”。依照菜谱做的菜总会和图片上的有差距，就是这个道理。

成功创业与之类似，也需要上等的“原料”，如创业者的胆略、精进、勤奋、智慧，或者掌握技术、会管理、善于市场营销等，过去不计其数的书籍已经详尽地记述了这些成功的要素，若按这些成功指南照单抓药，结果往往不尽如人意，无论别人的创业故事有多精彩，都很难应用于我们的成功创业之中，不知道你有没有同感？

放心，这本书不是讲烹饪的，这本书说的是怎样搭建一座从白手到成功的创富桥梁。先前的创富理论往往没有注意到一个关键性事实：大部分非常富有的人都是在非常短暂的时间内积累大量的财富的，保持一段时间，直到下一次的飞跃，具有跳跃性特征；而普通人的财富曲线是小角度平缓上升的，认识这一点，是理解勤奋的普通人和成功企业家最终结果为什么相差如此巨大的基础（详见本书第三章）。我们在这个基础上，构架了整个全新的创富理念和方法。我们相信全书揭示了尚未被如此完整表达过的创富秘密，你如果想获得它，就请读完这本书。

本书的不同之处

此前有三种书讲述人如何成功，一种是案例式——讲述曾经发生的故事；第二种是讲述如何利用财务手段，获取财务自由，例如《穷爸爸，富爸爸》；还有一种就是历史悠久、最近这几年又非常流行的成功学读本，实际上是一种自我激励教程。

案例式的书可读性比较强，类似于故事书，但桑田沧海，等您去实践的时候难以还原和拷贝他们的成功；“富爸爸”给我们一个全新的视角，如何具有投资理念，让钱为人工作，但这种往往是后知后觉的投资举动，运气普通的人不一定能把握好；还有就是自我激励的读本，总没有解决确定努力方向的根本问题，容易陷入“简单努力”陷阱，成功不仅仅靠态度，更需要智慧和方法。

总而言之，本书有如下五个独到之处：

1. 找到成功的原动力

关于如何通过创业获取成功这一类的书种类繁多，但本书显然不同，因为我们试图解释成功的原动力在哪里以及怎样才能找到它们。成功的原动力存在于所有成功者的身上，推动优秀的人变为超级成功的人，本书试图首次描述成功原动力非常抽象的形态，您不仅可以分辨它们，而且还能驾驭它们。

2. 第一次阐述成功路线图

对如何管理一个现代企业，理论和实践的案例丰富，分析工具和方法既系统又周全，但是关于如何创造伟大的企业，这些企业的原始构思是怎样逐渐形成的，以及如何激发出这些创业灵感，现今并无系统的理论。现代商学院培养的是一批又一批的“职业经理人”，却不是“伟大的企业家”。这本书提供了一些行之有效的工具，让创业者自己来寻找、鉴别、利用机会取得大成功。

3. 环球思维，中国智慧

这本书以创业者在海外的经历为背景展开创业思维，对海外的经营环境，有比较广泛的涉猎，对有些关键问题，展开了深入的思考和讨论；同时，它时刻没有离开华人的经济、文化背景。在全球化的今天，特别是对生活在被全球化所极大影响着的、又极大地影响着全球化进程的中国的野心勃勃的创业者来说，您需要读这样一本书。

4. 一些“真理”被颠覆了

正如无数教育家、长辈、成功学讲师、激励专家会教导我们，成功需要比别人更努力地工作，但把“成功”和“努力”两者简单联系在一起的成功故事，只是一个成人童话，如果您真渴望成功，就别信它。决定一个人富有的三个条件：一是出身，二是机遇，三是努力，而这三者之中，努力是最微不足道的。排除能够以婚嫁方式进入豪门，我们很难改变自己的出身，所以第一条通向财富的途径和普通人无缘。要变得富有，需要机遇并加以适当努力。还有很多著述“教”人们如何驱动自己更努力地工作；可惜，努力工作，一条道跑到黑，目标只会离我们越来越远。像这样的“真理”，我们只好颠覆它。

决定一个人富有的三个条件：一是出身，二是机遇，三是努力，而这三者之中，努力是最微不足道的。排除能够以婚嫁方式进入豪门，我们很难改变自己的出身，所以第一条通向财富的途径和普通人无缘。要变得富有，需要机遇并加以适当努力。还有很多著述“教”人们如何驱动自己更努力地工作；可惜，努力工作，一条道跑到黑，目标只会离我们越来越远。像这样的“真理”，我们只好颠覆它。

5. 重新解释一些经营理论

有些传统经验被人们奉行，并广泛应用。但他们有悖于现代经营环境，我们希望能借此澄清一下。很多华资企业生存得很辛苦，因为他们在这个商家和消费者共同创造的信奉薄利多销的环境下竞争生存。很多企业不得不通过超时工作、更辛苦勤奋地工作和降低原材料及工艺成本来获得立足的保证。期望以更低的价格来赢得顾客，这种薄利多销的理念是一种非常奢侈的战略，常常把使用它的人拖入泥潭，因此我们要重新理解它。

谁是这本书的读者

如果您怀疑奇迹，那么奇迹就不会降临。不可否认，拥有巨大的财富本身就是一个奇迹，一个您也能创造的奇迹——基本前提是您相信您能。

决心用创业来改变生活的人，或者您已经成功地建立了自己的事业，在回顾并计划着进一步的发展，我们期待着您会在阅读这本书的过程中产生一些共鸣。希望这本书的读者具有成熟的心态，又不缺乏冒险的勇气。有时太年轻的朋友虽然可能有雄心，但可能在能力上和资本上还没有准备好；而过了一定阶段，因为家庭工作等关系，很多朋友已经不愿意放弃成型的生活模式而冒险。我们理解这些情况，对这样的读者，翻看一下这本书也许会帮您对您的生活现状做出积极的反思。

关于作者

我们两个人相遇在号称全球前一百所的商学院之一，不同的背景和迥异的思维方式，加上极度有利于思考和实践的环境，让我们两人不断撞出各种各样的火花，也成为好朋友。后来这些火花越演越烈，以至于决定写一本书而后快。在本书总策划的协助下，我们选择了这个题目。

我们非常欣慰，在探寻过程中获得了一连串大大小小的领悟，更觉得万分高兴的是，我们能把这些抽象的领悟用语言表达出来。写一本书和写一篇论文完全不同，论文是对一个点的深入研究，找到理论依据、建立研究方法、采集数据、套用公式，结论自然会跳出来；而书，则是把很多“点”线性联系起来，拉出一张网，形成一个理论，若有一个环节联系不上，这张网就废掉了。我们很幸运，每当在“结网”过程中遇到障碍，总能在互相启发中迸发灵感，最终使这本书呈现在读者面前。

读到最后，您一定能发现整个逻辑是怎样一路承接，并把创业这件很难概括的事情说清楚的。我们也希望通过这本书来倡导理性的创业精神。

成功是什么

成功是什么？每个人都有各自不同的答案，取决于个人所处的不同外部环境和内心世界，后者更有决定作用。因此成功可以被简单化地描述成两维的现象：一维是物质自由度，不再为柴米油盐费神，尽兴地做自己想做的事情，并对外界有更大的控制力，如对一个组织，一个国家，甚至世界的某一领域；另外一维是精神自由度，对哲学、艺术、宗教乃至这个世界理解的更高的境界，也是一个让思维从世俗中解脱的过程。对成功的渴望无疑是人的一种本性。获取这些成功感觉的方法很多，比如创业。金钱不是万能的，但不可否认，有充裕的资金作保证，可以实现很多的梦想。创业也不一定仅仅是为了金钱，它也可以是门艺术，商亦有道，作者希望和各位读者进一步探讨。

这本书的目的不是激励，而是更倾向于与未来的企业家有某种交谈，交换一些不为常人所体会过的心路历程。人生选择有很多，只有行路人才了解行路人，欢迎您来到本书的网站 www. caifugongzhen. com，和我们以及广大的读者朋友广泛交流。

第一章

新西兰，新生活

徐灿，一个你在身边就能看到的典型的年轻人，没有背景和金钱，虽然有一颗进取心，但只能在有限的空间里，默默地接受生活一次次的锤炼。他的人生轨迹因移居国外这一决定，而发生了彻底的改变……

几年前的一天，徐灿整理行李，准备启程到新西兰。在等待签证的漫长时间里，天天都盼望早日远走高飞，而现在机票已经在手中了，心里却顿生眷恋，不知道什么时候再能回到这里，更不知道，此去万里究竟会发生什么事情。

这个叫徐灿的小伙子，在大陆工作过几年，从事过几个不同的职位，他和很多年轻人一样，对新鲜事物很敏感，期待着做出一番事业。在对未来无限憧憬的支配下，他申请去一个从未去过的国家——新西兰。这一年，移民申请被批准了。辞职后，徐灿离开了工作多年的城市，登上了飞往新西兰的航班。

徐灿的“功课”

很多人说新西兰人口少、市场小、人悠闲，仅能算是个养老的好地方，可徐灿看来，新西兰可能还是个创业的好地方，因为竞争不激烈的环境从理论上来说对创业者比较友善。徐灿还发现中国人对在南半球大洋洲的岛国新西兰了解很少，甚至经常有人问徐灿新西兰在欧洲的东部还是西部。这使他暗自高兴，徐灿觉得这个遥远的国家为他准备了一个很好的机会，他希望在冷门的地方发展自己的事业，而不是去走别人都走了无数次的老路。出发前，他收集了很多关于新西兰的资料，知道了新西兰是发达国家中唯一以农牧业为主要产业的国家，民风朴素，偏于保守，但有意思的是新西兰也是世界上经济最自由的国家和地区之一，关税很低，大部分货物从国外输入，平均进口关税低于6%。以欧洲和南太平洋文化为基础的多元文化在新西兰成为主流。这一切，都似乎在给徐灿一种暗示，甚至是一种诱惑——到新西兰去！

到一个完全陌生的地方，究竟能够做点什么，徐灿一无所知。他在广东收集了很多新产品的信息，采购了很多他认为可能有需求的新奇小玩意、电子产品、电器产品以及一部电动滑板车作为样品。徐灿寄予了这些样品巨大的希望，选择标准只有两个：一是新产品，因为成熟产品往往利润率不高、市场饱和、销售渠道难以进入；二是价格不低，附加值比较高。新西兰狭小的市场，绝对不是一个可以以量取胜的地方，他希望每销售一个产品都应该有较好的利润回报。

一个年轻的人，一个全新的世界，必然有一段奇妙的旅程。看命运给这个小伙子安排了什么样的境遇呢……

徐灿把这些样品打包，先期办理了海运手续，预计一个月后到达新西兰。

长话短说，徐灿按计划搭班机顺利抵达新西兰最大的城市奥克兰，时值五月，南半球却进入冬天，夜晚很凉，好心的上海房东阿姨特地送了一床又大又厚的被子，徐灿感到很温暖。接下来的时间里，徐灿开了银行账户、考了本地驾照、选购了一部二手车，还找了一份临时工作，开始了全新的生活。

很快就发现新西兰并不是想象的那样，最大的出入是这里的中国人很多，几乎在各个行业都有华人的身影，这些华人建立了一个半封闭的圈子，大部分生活需要都可以通过华人公司或机构满足，会普通话和广东话足以应付日常生活，这些事情不亲自到新西兰来是没法知道的。

在登陆新西兰一个月左右，那批从国内发来的样品到了，徐灿从机场附近 DHL 全球快递公司大楼领到了那批样品，交纳了一点手续费和占价值 12.5% 的增值税（关税是零）之后，事情就简简单单地办完了。

徐灿满怀希望带来的大部分样品都被判了死刑，因为其中大部分是一些电子和电器产品，新西兰有数不胜数的华人电脑公司和批发商，他们有稳定的客户和更强的经济实力，徐灿很快就放弃了不切新西兰实际的产品。这些事情不亲自到新西兰来也是没法知道的。

产品

徐灿并不甘心，一方面是因为年轻人的天性，另外就是他还对最后一个产品电动滑板车（Electric Scooter）充满希望。这种滑板车在普通滑板车基础上增大了尺寸，在踏板下面安装一个蓄电池和马达。一次充电，可以在平地上滑行大约10多公里，速度能达到20公里/小时，是当时的新产品。据说是台湾人发明的，在新西兰市场还没有出现 。滑板车小巧方便，可以很容易折叠起来保存或者放在汽车的后备箱里带走。

徐灿经常驾着这部作为样品的电动滑板车在附近人行路上、海滩、购物广场闲逛，偶尔会停下来和对他的产品感兴趣的人士聊聊天。就徐灿来看，几乎所有人都对这个产品表达了由衷的喜爱。但是让徐灿忧虑的是，新西兰的道路起伏不平，用蓄电池驱动的滑板车可能没法应付上坡，但这种忧虑每次都被徐灿渴望尝试一下的愿望所压倒，被忽略了。

渠道/促销

新西兰奉行的是自由贸易政策，进口没有问题，徐灿心里还有一个最大的忧虑：在什么地方卖。由于成本原因可以排除自己开店这一选项。徐灿也想过批发给零售商，但新西兰的零售店规模都很大，都有自己的采购渠道，一两个新产品他们不是很感兴趣。在反复思考与摸索中，徐灿突然找到了一个适合起步的渠道。他发现奥克兰有很多大型的购物中心（Shopping

Mall）分散在各个区。在有些购物中心里，有许多临时的摊位，只要交纳相对少的租金和买一个公共场所安全保险，就可以展卖自己的产品了。以较低的成本，在大型购物中心中促销，最大限度地让人们看到，这正是徐灿想要的，等以后站稳脚跟，可以考虑进一步发展。这样就能解决渠道问题，还能进行有效促销。

合作伙伴

最后促成徐灿进行这次商业探索的一个重要因素是他遇到了一个高大的新西兰人，他们在一个叫 Dress Smart 的购物中心相遇，并展开了一些谈话。这个高大的新西兰人叫马克（Mark），比徐灿小一岁，在另外一个购物中心里拥有一间连锁的理发店，自己也是理发师。马克一见到 Scooter 就很感兴趣，在停车场里试着跑了几圈，便要求电动滑板车的经销权，只要徐灿愿意把它进口到新西兰。这也正是徐灿想要的，他觉得由一个本地人来经营是最好的。马克还帮助徐灿向新西兰道路交通局确认了电动滑板车上路不需要牌照，可以在人行路上行驶，这令徐灿更安心了。

价格

至此，徐灿有了一个大致的思路。进口一批电动滑板车，协助马克进入购物中心展卖，直接面向消费者销售电动滑板车。冷静地思考了几天后，他修改了部分计划，比如，将本来计划进口一整个集装箱的产品，改为先以散货形式进口小批量产品，以降低风险；另外，徐灿本来计划主要进口他自己比较喜欢的小型滑板车，但是马克知道还有更大的滑板车后，建议多进口大的滑板车，徐灿采纳了他的建议。每辆车的成本大概是200纽币[①]左右，徐灿打算将零售价定为400～500纽币，有一倍左右的毛利润，但是马克认为太低了，要求把大型的滑板车定价为1 100纽币左右，这让徐灿很吃惊，但转念一想，何不尝试一下呢?!

来到新的环境，每天接触的新信息非常多，加之自己不断有些新的想法，徐灿开始记笔记，在作出决定之后，徐灿在笔记本上记下了如下的简略信息。

产品：电动滑板车

数量（市场测试）：小型12辆；大型28辆

单位成本（含所有税费摊销）：小型NZD 180；大型NZD 250

总投入：一万多纽元，徐灿负担进口费用。到达新西兰后的仓储费用，宣传品印刷，场地租金以及人工费用由马克承担

销售渠道：先在购物中心展卖，视市场反映情况，考虑更多的途径

零售价：小型：NZD 890；大型：NZD 1 100

利润预期：全部售出后的收入（理想值）41 500纽币，毛利润率：300%

如果这个计划成功，300%的利润率，回报可观。他幻想着一旦计划成功，他就能够在一两年之后步入百万俱乐部了——按纽币计算。第二天，徐灿和深圳的公司确认了发货数量和发货期，按照合同办理了银行汇款等很多琐碎的事情。忙碌了一天，回到家里躺在床上，很快睡着了。

① 即新西兰元，因为新西兰又称纽西兰，故称新西兰元为纽币以便和新加坡币的简称区分开来。纽币在国际市场上是一个小币种，对美金的汇率波动比较大。从2002—2007年五年间，纽币对美元的汇率在0.45～0.82美元之间波动，对人民币的汇率在3.5～6.3元之间波动。

初战

等待船期漫长又焦灼，徐灿趁这个时间办理了公司注册、银行开户和税务登记等事宜。七、八、九月份为新西兰的冬季，在海洋气候影响下的新西兰的冬天又冷又湿，几乎天天都在下雨，徐灿很担心。滑板车靠电瓶驱动，不宜在雨中或者泥泞的路上行驶；如果天气不好，人们无法在户外活动，那么谁会买电动滑板车呢？徐灿的心情也因此变得阴郁。还有一个不时提醒徐灿的隐痛就是地形，奥克兰，或者说新西兰难得见到一块自然的平地，马路不是上坡就是下坡。电池驱动的滑板车根本没有足够的能量带一个人爬上甚至小小的斜坡。如果说冬雨是可以结束的，只要加多一些耐心等待就可以了；地形却是不能改变的，徐灿越来越担心了。

改变主意是来不及了，工厂把货已经发出来了。徐灿集中精力去联系报关、运输等事宜，徐灿了解了这些程序流程，没两天事情就办好了。通知了马克，货物入库。马克似乎对玩乐更感兴趣，行动比较缓慢，徐灿对此比较理解：这世界上只有徐灿自己是在这个产品上下了赌注的，因此只有自己会比较着急。在马克联系好展卖之前，徐灿竟然在大街上推销出去了一辆，收入500纽币。

大概一个月左右，马克通知徐灿周末将在St. Lukes购物中心开始展卖。虽然并没有邀请徐灿参加，但是徐灿还是自告奋勇地去了，躲在十米之外看马克和他的员工推销。马克印制了许多彩色的广告页，很专业的设计，配有图片和马克的联系方式。整个上午，虽然有很多人来看，但是一辆也没有销售出去，徐灿有些焦虑，耐着性子到了中午，人多了起来，整个购物中心随即变得喧嚣，很多带着小孩的家庭流连于马克的摊位。终于，第一台滑板车被售出！这是一个带着七八岁小孩子的家庭，徐灿在远处听不清他们的对话，但听出来似乎是这个家庭正在为这个小孩寻购一个生日礼物。他们选购了一辆890纽币的小型电动滑板车。还来不及等徐灿计算究竟产生了多少利润，又有一辆1 100纽币的大滑板车售出了 。马克的摊位热闹起来，一天下来，卖了5辆，还有很多人拿了传单，在接下来的一个星期里，又接连售出了几辆。似乎是一个好的开端——电动滑板车第一次正式被徐灿推向了新西兰市场。

退货风波

本来计划和马克在周末会面一次，讨论一下接下来怎么做。马克在星期五就打来了电话，请徐灿过去看看。徐灿来到了马克公寓下面的停车场，看到横七竖八地躺着几个滑板车——有退货了。

这种滑板车在当时是个新东西，只有小厂生产，质量还不是非常过关。徐灿以前也用过滑板车，但是都非常小心，把滑板车当个交通工具精心保管、及时充电。而新西兰的用户购买滑板车的本意是完全不同的，他们把滑板车当一种玩具来玩，喜欢尽情享受，而且本地人体形大而且重，喜欢冲撞类型的运动，让这种没有怎么经历过考验的滑板车难以承受。新西兰的消费者认为产品就应该能够提供可靠的性能，更何况价格也不菲，而这种新西兰对可靠的定义和初来乍到的中国小伙子徐灿的理解出入很大。另外，他们还投诉滑板车不能爬坡，而新西兰大部分地区都是起伏不平的，电池驱动的滑板车注定难以适应这样的路面。这正是徐灿一直非常忧虑的事情。即便质量能提高，地形问题也无法回避。根据新西兰的消费权益法案，经销商要对销售出去的产品负责，因此，马克给他们更换了新车或者退了款。

质量有问题，加上没有爬坡能力让徐灿很困惑。尽量想办法去补救，最终都未能令人满意；马克和徐灿觉得如果质量不能达标或者产品不适合本地的需求，是无法在新西兰市场上生存的。显然继续展卖只能带来更多的退货，最终，马克选择了退出。

失败总结

他用了一段时间处理存货，最后把剩余的所有滑板车卖给了一个小镇的游乐场，总的算来，不赔不赚。算算自己在银行里的钱，还是不要越陷越深为好。这给徐灿上了生动的一课。他觉得此次行动太过鲁莽，尚未对新西兰非常了解，语言也没有过关，不应该太急切。所幸的是因为当初修改计划，减少了进口的数量，没有给自己造成太大的麻烦。

合作伙伴的选择也有问题。对方没有这方面的经验，也没有经营场地，只是凭借一时的兴趣。多少有些乘兴而来，兴尽而归的态度。遇到困难，首先要逃跑。

不了解新西兰的环境而贸然行事是徐灿认为最为直接的失败因素。新西兰的地理特征和城市分布，注定了以电力为驱动的滑板车没有办法生存；地广人稀，车价低廉的新西兰，也不会把这种环保的滑板车当成交通工具。没有过硬的产品质量，也没有维修能力，是导致失败的关键原因。总而言之，这是一次失败的尝试，唯一的价值是积累了第一手经验。

初次失败，徐灿并没有气馁，相反，他想到了“磨刀不误砍柴工”这句老话，既然找到了原因，就能够补救。于是，他为自己计划了三件事情，要在今后的一段时间逐一实施，一个简短的计划被写在了日记上。天道酬勤，后来发生在徐灿身上的事情也正如他在离开祖国的时候所预料的那样，彻底改变了徐灿的人生，改变了徐灿的创富轨迹。

无论遇到怎样的失败都不能气馁，看到了失败的原因是我最大的收获，这增加了我的阅历，更为自己进一步的发展提供了方向。

徐灿笔记

这只不过是一次小小的尝试，我的最大财富是我的年纪。无论遇到怎样的失败都不能气馁，看到了失败的原因是我最大的收获，这增加了我的阅历，更为自己进一步的发展提供了方向。在这片崭新的土地上拓展我的事业之前，我要做如下事情：

1. 环游新西兰，欣赏美景，了解风土人情，在表层了解新西兰。

时间安排：2 个月

2. 找到一份工作，在工作中加深了解新西兰的环境，尤其是商业环境。

时间安排：6 个月到 1 年

3. 读书，在理论上了解新西兰作为一个西方国家的理念。

时间安排：一到两年

总共耗时：2 ~ 3 年

拐点

第二章

有了一次不大不小的失败经历，徐灿变得更加理性，知道需要获得更多的知识和本领才能在西方国家立足。在意志消沉的时刻，他结交了一个好朋友和一位精神导师，重新认识了自己，振作起来之后才知道，这是一个拐点。

时间如梭，看着遥不可及的未来，却稍纵即逝成为过去。一转眼，徐灿就玩遍了新西兰的南南北北，领略了名山大川。之后，他又找到一份客户服务的工作，做华人社区市场拓展和客户服务，之后跳槽到另外一家。两家公司的相同点是徐灿可以感觉到头顶上有一层“玻璃天花板”[①]悬浮着，未来很迷茫。彷徨间，突然想起以前的日记，想起来求学的计划，于是当晚就迫不及待地浏览新西兰名牌大学的可能合适的专业，提出申请后，非常顺利地被新西兰最好的一所大学录取修读 MBA。重新回到校园后，徐灿思维依然活跃，在这所享誉盛名的著名的商学院里得到了理论和实践双方面的历练。在徐灿的内心深处，奇妙的化学反应正在发生。

① 很多人因为种族、性别、出生地，甚至口音失去在某些组织内向上发展的机会，对他们来说，像是有一层看不到却确实存在的玻璃天花板在头顶上高悬，阻碍他们向上发展。

此时的徐灿已经对新西兰有了更多的了解，创业的愿望没有泯灭过，创业的念头在心底暗暗燃烧。不过，他了解得越多，反而越觉得在新西兰创业很难：市场狭小，购买力薄弱。看来这些在他来之前就听说过的事情还是有其现实基础的。随着一个又一个开始令人兴奋后来却发现经不起推敲的想法和点子的陆续破产，徐灿终于开始灰心起来，甚至考虑是否该回国发展。何去何从，令人困惑。

好朋友 Leo

新西兰是个岛国，有南北两个主要的岛屿，奥克兰在新西兰的北岛的颈部，东西海岸相距仅几十公里。由于洋流方向总是从西到东的原因，西海岸总是海风凛冽，怒涛拍岸，浪高经常都有几米、十几米，是冲浪的好地方；而东岸，因为岛屿自身阻挡了大风和洋流，因而总是细浪抚沙，造就了很多美丽的沙滩。东岸可以看到日出，而日落要到西岸才能看见。奥克兰的中心在东侧相对平缓的地方，使西边的山地有很多幽静的地方。在西海岸有个著名的地方叫做 Piha。每当觉得困惑的时候，徐灿就会驱车到 Piha，坐在高高的悬崖上面，看夕阳慢慢坠入汹涌澎湃、一望无际的塔斯曼海，心情会重新舒展。渐渐地，徐灿开始喜欢这里，有空就过来转转，呼吸一下不羁的海风，走一些人迹罕至的山野小路。

在这里，徐灿经常会看到一个强壮的华裔青年男子站在这块大石头上钓鱼，打了几次招呼，两个人就认识了。这个男子的名字叫 Leo……

沿着悬崖前行，不知道过了几公里，悬崖被一条山谷截断，至此游客就不多了，经过一条木梯子路，可以到达一片海滩。除了有些技术过人的冲浪者会来到这里，这里很少有人打扰。这个木梯子路还有一条岔道，通达一块墨绿色的礁石上，狂怒的海水长年累月用厚重的巴掌，夹杂着呼啸的海风拍打着这块大石头，岩石因此产生了很多裂痕、缝隙和孔洞。海水经常从这些缝隙和孔洞中突然冲出来，产生如同喷泉般的效果，并伴随有巨大的声响。在这里，徐灿经常会看到一个强壮的华裔青年男子站在这块大石头上钓鱼，打了几次招呼，两个人就认识了。这个男子的名字叫 Leo，到新西兰定居已有 10 年了，现在是一位工作时间很灵活的软件工程师，甚至可以在家里工作，主要为通讯产品（比如手机、PDA 等）开发终端应用软件等。闲暇时间经常来钓鱼，或者进行其他户外活动，既激发灵感，又放松神经。每次看到 Leo 在巨浪边钓鱼，徐灿就很纳闷：这么大的浪头，鱼应该早就被撞得头昏眼花了吧，怎么还有心情找鱼饵吃呢?

几次接触后，Leo 和徐灿就成了好朋友，Leo 很朴实，很容易交朋友。因为年龄相近，他们有很多共同的话题和爱好。Leo 对中国的印象还停留在离开中国的那一刻的记忆，所以很喜欢和徐灿谈论在中国发生的新事情，对那些新事情很感兴趣。Leo 周围的中国朋友很少，徐灿的出现让 Leo 很开心。他解答了徐灿关于钓鱼的疑惑：他们所在的地方水很深，甩线出去可以有百米远的距离，虽然海面风浪很大，浪高几米，但在水下却平静很多，选择不同的季节和不同的离岸距离、不同的钩和饵，甚至不同的潮水，会钓到不同的鱼。如果掌握了规律，那就一年四季都有鱼钓，甚至可以钓到身长一两米的大型鱼（kingfish）。Leo 也了解了徐灿的情况，知道他是商业专业的研究生，以及之前的一些经历，突然有一天 Leo 对徐灿发出了一个邀请："我有一个神秘的朋友，我这个周末到他家做客，你有没有兴趣一起去呢？"有些意外和好奇的徐灿，一口答应下来。

和 Leo 做朋友，并结识刘先生，彻底改变了徐灿的认知方式。现在徐灿才开始了他的奇妙旅程。

按照 Leo 的指引，徐灿找到了那条只有编号没有路名的岔道，这条岔道在地图上是用窄黄色标识的，表明这是一条私人公路，距离那个海滩也不远。驶入两公里左右，两侧还都是草场，上了一个陡坡之后，眼前出现一片平地，在落日的余晖中，一座地中海风格的三层房子突然映入眼帘。它坐落在陡坡之上，在角度的影响下，虽然没有任何围墙遮挡，在上坡之前竟然丝毫察觉不到。

徐灿见到了 Leo 的这位神秘的朋友，他是一个精干的中年人，看上去有五十岁的样子，严肃中带有朴实的气质。他是 Leo 的亲戚，徐灿称呼他为刘先生。刘先生说话不多，但非常亲切和平易近人，这种亲切仿佛是从体内发出的一种强大气场，一下子就消除了他们之间的距离。到准备告辞的时候，徐灿已经融入了这个大家庭。刘先生邀请徐灿再来他家做客。

从 Leo 那里得知，刘先生早年随父母到海外，创造了自己的企业王国，下属的企业分布在多个国家。新西兰幽静的环境可以帮助他跳出事外，冷静分析，这几年每年都会安排时间，到新西兰住一段时间。听说是 Leo 最好的朋友，刘先生格外关照徐灿，经常会让 Leo 带上徐灿去他家。而当时正值暑假，徐灿有三四个月的空闲时间，他在奥克兰西区找到了一份临时的工作，距离刘先生家不太远，所以也能经常去坐坐，几次下来，他们便成了忘年交。

第一次点拨

这一天，天气特别晴朗，傍晚的时候，海风徐徐，丝毫没有往常的惊涛骇浪。Leo 在海滩上训练他的狗，徐灿同刘先生聊天，他向刘先生讲述了他来新西兰这一段时间的经历，并谈到他的想法和打算，徐灿说自己在这里看不到前途在哪里，有些迷惑。

听完这个困惑的年轻人的表述，刘先生也不说话，弯腰捡起一块小石头，在徐灿眼前晃动了一下，随手向七八米外的地方扔了出去，随后望着徐灿问道："大自然里每块石头都有独特的形状，你能找到我刚才扔出去的那块石头吗？"

"不可能，"徐灿疑惑地摇了摇头，"即便每块石头都有差异，也不可能从一堆石头中分辨出来哪块是您刚扔出去的呀！"

刘先生又把手指上的一枚镶嵌着宝石的金色指环取下来，像扔之前的那块石头一样，又向不远的地方扔了出去，随后又问徐灿："你能找到我刚才扔下去的戒指吗？"

"能。"徐灿一跑过去就找回了在夕阳下闪闪发光的指环。

"你明白我要说什么了吗？"刘先生问道。

徐灿犹豫了一阵，醒悟过来回答说："您是说，当我抱怨自己怀才不遇的时候，我可能只不过是一块稍稍有点特别的小鹅卵石，还远远不是一块金子或者宝石。"

刘先生看来很满意，微笑着点头。他继续向前走，带着徐灿到了海边的黑色沙滩上，将指环用力推入一个黑沙堆，戒指陷入沙堆里，刘先生让徐灿找出来，在海水中一冲就洗干净了。

“你明白我要说什么了吗?”刘先生又问道。

徐灿想了一阵，没有把握地回答：“你是说金子和宝石也有被埋没的时候，但金子永远是金子，冲洗干净之后仍然是闪闪发光的金子，一旦有机会被人发现，就能立即体现价值。”

黄金和宝石会在考验中显现出本质的不同，尽管当它们被埋没的时候没有多少人会发现。

刘先生又满意地说：“很好！黄金和宝石会在考验中显现出本质的不同，尽管当它们被埋没的时候没有多少人会发现。”

刘先生吩咐徐灿道：“你去问问那边的几个人，这个戒指值多少钱?”

一个人的真正伟大之处，就在于能认识到自己的渺小，并静心挖掘出自身的潜能，让石头变成金子甚至是宝石；即便你是一块货真价实的金子，多说己长便是短，自知己短便是长，脚踏实地地努力强过自吹自擂地招摇。

徐灿打听完了之后告诉刘先生：“每个人的说法不一，价格相差得很大。”

“你现在又明白了我要说什么了吗?”刘先生又问道。

徐灿不假思索地回答：“同样是一枚戒指，大家对它价值的认可程度也会不一样，有高有低。”

刘先生又满意地说：“不错！别人怎样看待你的价值并不重要，重要的是你自己怎样看待自身的价值。一个人的真正伟大之处，就在于能认识到自己的渺小，并静心挖掘出自身的潜能，让石头变成金子甚至是宝石；即便你是一块货真价实的金子，多说己长便是短，自知己短便是长，脚踏实地地努力强过自吹自擂地招摇。”

徐灿豁然开朗，自己不应该责怪命运的不公平，应该正确认识自己，同时发掘潜能。夕阳落入大海的速度真快，一抬头，天色已经暗了下来，Leo 带着他的狗来到了刘先生和徐灿旁边，一同聆听刘先生的谈话已然多时。

刘先生当着 Leo 的面，接着对徐灿缓慢而清晰地说："我觉得你有很好的潜质，不要因为一时的埋没而失去信心。其实，这正是一个让你潜心开发自己，等待厚积薄发的好机会。成功，并没有离你越来越远。"

刘先生的这句话，每个字都精准地击中了徐灿心底深处的要害。几年以来的挫折和无所事事，正在消磨着他的意志，当初的那种闯劲正在慢慢消失，他开始失去自信，失去了当年对成功的渴望，甚至想逃跑——离开新西兰这片举目无亲，但又越来越熟悉的土地。他一直在抵抗这种消沉和迷茫，但却越来越觉得没有力气与之对抗，徐灿心底是多么希望有这样一个声音来唤醒他、激励他和指引他。

因为这种强烈的共鸣，使得徐灿脱口而出问刘先生："怎样才能成功呢?"

徐灿笔记

石头和金子的心态是不同的。诚然，自然界中没有两块完全相同的石头，但这种"独特性"，却无法让石头与石头彼此能区分得开。除了在极特殊的情况下，石头的"独特性"并不会创造出价值。而金子，无论是铸造成指环还是皇冠，或者只是一个门把手或水龙头，价值总能得以体现。这是因为每块石头的独特都是独特在表面上，他们的化学结构并不稀缺，因此不珍贵！而黄金，无论以什么形态出现，因为内在品质的纯洁和数量的稀缺，总是财富的体现。形式的独特较品质的不群而言，变得不那么重要！

世界上也没有两个完全相同的人，但绝大多数都是芸芸众生成功的人，他们都有着类似的内在性质，而普通的人则各有不同。

中的一分子，如同石头一样，很难在人海茫茫中被找出来，但有些人例外。他们的独特不在于他们外表的特异，而是躯体里有着一些弥足珍贵的东西让他们变得稀缺，与众多的普通人相比，他们就像金子相比于石头一样。无论做清洁工还是总裁，做司机还是局长，做裁缝还是艺术家，都能做得有滋有味，把平淡无奇的东西变得有声有色、风生水起，他们具有金子的品质，必然会在他们的位置上发出金子的光芒。而还有些人，智慧和能力禀赋极高，人群根本无法埋没他们，总有气冲牛斗的架势并且总能做出石破天惊的事情来，发现他们的伯乐总会发出喜悦的惊呼，他们的品质可能要用宝石来比喻。所以要做成功者，需要学习成功者的内在性质，而不是外在表观。

但是，无论是金子还是宝石，他们往往藏身于其貌不扬的石头中，甚至自己都不知晓。我们需要的是相信自己是一个宝藏，一块有待发掘的金子或者宝石，需要在等待中积蓄力量和寻找可以点石成金的机会，而不是麻木或者消沉。

每颗石子都非常独特，但是他们只能成为芸芸众生；每块金子都基本相同，他们却越发不可多得。大家也许一直都这样以为：成功的人都是独特的，成功的路径似乎毫无共性可言。但刘先生的观点似乎颠覆了这条流行的谬误，也许真实情况是，成功的人，他们都有着类似的内在性质，而普通的人则各有不同。去记录普通人的独特也许没有太大的意义；我们要真正探求的是这些成功者类似的内在性质究竟是什么以及怎样才能使自己进入他们的行列。

成功者的秘密

第三章

如果工作年限是 40 年，每年的有效工作日是 250 天，要想今生赚 1 亿美元的财富，要连续 40 年每天赚 1 万元才行——这是常人无法想象的，那么亿万富豪们是怎样在短短几年内就能做到，甚至在更短的时间内积累更多财富的呢?

因为他们的身上，有着极为充沛的外在力量，推动他们急速上升，这种力量就是成功的原动力。

徐灿脱口而出的这个问题涵盖的范围似乎有些太大了。老实讲，他自己问过之后也知道难以回答，也许根本无法回答。但刘先生没有惊讶，好像在思考着要怎样回答徐灿的问题。此时，夜幕已经降临，在遥远的海面上，可以看到几片雨云正向这边飘过来，Leo 建议回去再谈。

围炉夜话

于是大家坐上 Leo 的车子，回到了刘先生的家。新西兰昼夜温差很大，加上下雨，外面又冷又湿，三个人来到刘先生家的书房，很宽敞，几块木头正在火炉里燃烧着，发出“吱吱”的响声，隔着玻璃炉门，火焰展示着变化莫测的身姿。有人在楼下的厨房开始准备晚餐，家里一片祥和，谈话继续着。

“世俗地来看待成功，成功的人比其他的人占有和支配更多的资源，表面上更少地受到物质的约束，比如成功的商人、政治家和将军等；从脱俗的角度来看，成功的人更多地摆脱了内在自我，获得灵魂的拯救和逍遥，比如古代的圣人和大学者。”

“获得哪一种角度的成功会更快乐一些呢？”徐灿在问题的外围展开了提问。

“虽然表面上，成功和快乐似乎有因果关系，但成功是一种境界，不是以带来多少快乐来衡量的。”Leo 回应道，“世俗的成功给人肉体欲望的满足提供便利，精神上的成功使人的灵魂得到解脱成为可能，这都不能简单地用快乐与否来表述。我看，既然人是灵魂和肉体的结合体，两种成功应该是相辅相成的吧。”

徐灿若有所思，说道：“也就是一味地追求物质的成功是不可取的，还应该有精神的解脱；但只追求精神的解脱也是不够的，还应该有物质的支持。是这样吗?”

“也许吧，至少对于大多数的普通人来说是如此的。”Leo认同地点了点头，“不过当今的时代，成功往往与创造的财富相关联起来，这才是人们更关心的，获取了财务自由之后，早点退休去旅行之类的想法听起来倒是不错。”在此之前，徐灿曾经和Leo讨论过《穷爸爸，富爸爸》这本书的观点，非常赞同其中的观点：要金钱为你努力工作，而不是你为金钱而努力工作，说得直白一点就是，财富不是获得一个好职位换来的，而是善于投资得到的。

财富不是获得一个好职位换来的，而是善于投资得到的。

徐灿接过话：“但事实上，绝大多数的人似乎并没有主动去追求成功。获取成功就要改变现状，改变就必然带来不确定，大多数人不喜欢不确定的事情。因此，会喜欢留在政府、公司或者工厂那些他们最为熟悉的地方。虽然没有可能大富大贵，但这样至少对生活质量有保障。”

Leo补充道：“新西兰90%的新企业在开始经营的头3年内倒闭，可见大部分的人不知道怎样开创成功的生意。谁都想成为强者，但没有人想成为余下的90%啊。10个创业，9个失败，大家都被吓怕了。”

“是啊，阅读大量案例或者创业故事后，好像很容易发现成功的诀窍。比如说，创业成功的秘诀在于好的产品、技术、资金、优秀的团队等组合在一起，但说句老实话，很多遭遇惨败的企业也是一样有好的产品、高端技术、优秀的管理者，甚至充裕的资金。相信还有很多挣扎在平均利润线上下的企业也有好产品、技术、资金而被我们所忽视。所以这些通过所谓归纳从而‘发现’的诀窍很牵强。”徐灿表达了他的想法。

Leo继续说道：“是啊，反观现在最成功的企业，它们的产品也不一定能够尽善尽美，甚至有些顶尖公司的产品也有很多严重不足的地方，比如微软的视窗操作系统，就以不稳定著称，频繁死机，系统漏洞层出不穷，让计算机病毒肆意横行，但这都丝毫不影响微软成为最大和最获利的软件公司。"

徐灿点头表示同意 Leo 的看法，顺着话题接着说道："我知道美国一个著名经济学家托马斯·J. 斯坦利博士曾对百万富翁群体进行调查，有 76% 的人认为自己成功的最主要原因就是'真诚地对待所有的人'。绝大多数百万富翁把'正直、真诚地对待所有人'作为解释他们成功的一个非常重要的因素；但我周围的人大多都很正直，而且真诚对待别人，可大部分人都不是富翁。可见这也不是什么充分条件，至少反向推理并不成立。"

"我还看过一本书，认为成功的人是因为他们的产品或者服务提供给了非常广大的群体，而不是少数人，被服务的群体越大就越成功。但这也不是一定的，比如保时捷就很赚钱，而他们的客户群体只是分散在世界各地的小部分人而已；豪宅的发展商可能比普通公寓的发展商更赚钱。" Leo 补充了一下。

"也许成功是无规则可循的吧，只能靠运气了。"两个年轻人把目光投向了刘先生。

刘先生终于发话了，他说道："你们的话题很有意思，我想我们可以一同来尝试一下寻找答案。我看成功还是有规则可寻的。但不是你们看到的书上说的那样。"刘先生顿了一下，接着说道："这样吧，你们能不能给我几个例子，说说你们所知道的成功创业的人是怎样开采到第一桶金的?"

这是一个开放的话题，Leo 举了一个新西兰的例子：

42° Below 是一个烈性酒和饮料的品牌，起源于新西兰，

刘先生鼓励大家继续讲下去，这回轮到 Leo，他又给出一个例子：

罗兰在45岁创办快乐公司，罗兰曾经做过小学教师、电视台记者、教科书的撰稿人以及一本小杂志的出版商。1984年的圣诞节前，她想给自己8岁和10岁的两个侄女买个娃娃。但整个美国圣诞节市场只有洋白菜补丁娃娃和芭比娃娃。她的灵感产生了，为9岁的女孩制作一套讲述不同历史时期的书，同时配备穿着不同时代服装的娃娃，以及一些可以让孩子们演出的附属玩意儿。她用一周的时间制作了一份内容详尽的商业计划书。在之后的4年里，只凭借邮寄广告目录和口口相传，“美国女孩”的品牌价值就上升到了7 700万美元。罗兰和她的快乐公司又推出面向更年轻的女孩的婴儿娃娃和配套图书，应孩子们的要求制造了更时髦的娃娃、《美国女孩杂志》，以及讲述怎样进行人际交往等知识的书籍。在随后的5年里，“美国女孩”的营业额以每年5 000万美元的速度增长，最终达到了3亿美元。

Leo 讲完，把目光投向徐灿，于是徐灿又拿出了史玉柱的老故事：

1989年，史玉柱在深圳开发了一套桌面排版印刷系统，手里只有4 000元人民币（折合几百纽币）的剩余，他向《计算机世界》杂志订了一个8 400元的广告版面，条件是15天后付款。广告打出后的12天内分文未进，第十三天一起收到3笔汇款共计15 000多元人民币，两个月后，总收入达到了10万元。令人吃惊的是，史玉柱倾其所有，把10万元全部都投入广告，在接下来的短短四个月，他完成了向百万富翁的转变。到1993年，仅中文手写电脑和软件的销售额即达到了3.6亿元。后来因当年的巨人大厦问题，史玉柱经历了人生的最低潮，但是负债累累的史玉柱凭借着保健品短时间内便迅速翻身，后又进军网络游戏，也是短短数年，又在中国富豪榜上名列前茅了。

刘先生接着鼓励大家说更多的成功故事，于是故事似乎越来越多，耳熟能详的也被搬出来了：戴尔1984年辍学卖电脑，第一年爆发式销售收入600万美元，是40岁以下最富有的人；施正荣只用了5年时间，便带领无锡尚德走向海外，纽约证券交易所甚至主动邀请无锡尚德上市，施正荣因而一度成为踏踏实实、光明磊落的"中国大陆首富"[①]。还有比尔·盖茨、松下幸之助、本田宗一郎、李嘉诚、王永庆等，因为都是被熟知的例子，所以仅仅被罗列出来。这样的故事太多了，永远都讲不完。

① 2006年数据。

刘先生掌握着谈话的节奏和进度，虽然他自己很少说话，听了两个年轻人讲了这么多故事，刘先生问两个年轻人："能不能简单说说，从这些故事中你们发现了什么规律？"

两个人又争先恐后地沿着刘先生指出的思路回答着。

"他们赚钱的速度非常快，在极短的时间里创造了巨大的财富。刚才说的这么多的案例中，好像没有人挖掘他们的第一桶金会用超过5年的时间。"Leo的第一个表述得到了刘先生的点头首肯。

"他们所进入的行业都是刚刚兴起或者发展不完全，或者存在巨大的空间的。同时，他们很大程度上都改变了那个行业。"刘先生丝毫没有犹疑，点头认同徐灿的说法。

举。当然也有人一生省吃俭用，最后靠节省成为了‘百万富翁’，他们一生的大部分时间和最好的时光都只满足最基本的需要，而把一生的财富集中到最后的阶段来使用，并没有比其他人创造更多的财富，只是重新配置享用财富的时间，因此还不能算作真正的富人。”

徐灿有了一种茅塞顿开的感觉，刘先生的这种说法完美地解释了先前大家讨论的几个创业故事：为什么有些人会在如此短暂的时间里，取得如此巨大的成绩？同时也解释了很多聪明勤奋的失败者失败的原因，很多人有才华并且自信，但在创业的道路上屡战屡败，或者常年辛苦经营，但仅能过上富足的生活，而距离真正的成功还很遥远，其原因是他们依靠的只是自己的努力，在自己的航道上航行，没有机会与更大能量发生“共振”，就如同没有风的帆船。徐灿陷入了短暂的沉思中。

“那也就是说，”Leo 接过话头，“从另一个角度来看，普通人是把自己的命运挂在国家、行业、公司上，如果国家富强，他们就富足，国家衰落，他们就凄苦。同理，公司业绩好，他们就能拿到更好的工资，如果公司业绩差，他们就可能被裁员裁掉。而成功的人把自己独立出来，在更高的层面上等待着时机，以期与更大的能量共振，在与外力共振中，取得别人用常规方法所不能取得的成就，对吗？”

刘先生点点头，说道：“是的，不仅如此，因为借助着共振的力量，成功者同时具有巨大的反作用力，对其所处的公司、产品、产业、地区甚至全世界都有巨大的影响——这就是世人所说的‘成就’一词的真实含义。”

Leo 又问道：“除了您说的这些可以借助的外力之外，还有什么别的力量让我们可以借助？”

刘先生笑着回答道：“寻求共振，就是寻求强大的外力推动。这个外力的寻找可以是非常有创造性的，除了在最常见的公司、行业、国家、地区中寻找之外，很多事情都能成为共振力的源泉，有些源泉会比较随机、临时和突然——比如SARS对于口罩供应商来说就是一个商业机会，但是这种共振源泉不持久。当然，还有另一种共振也很普遍，就是和你的‘贵人’共振。他们是在某些方面具有影响力、掌握着你的成败的人，或者他们本身正经历着更大的共振。如果他们能推动你，也是一条不乏先例的成功捷径。”

寻求共振，就是寻求强大的外力推动。这个外力的寻找可以是非常有创造性的，除了在最常见的公司、行业、国家、地区中寻找之外，很多事情都能成为共振力的源泉，有些源泉会比较随机、临时和突然；还有另一种共振也很普遍，就是和你的“贵人”共振。

徐灿问道：“这是不是就是俗话说的‘天时、地利、人和’呢？”

“不完全是，‘天时、地利、人和’是成功的一些直观条件，但绝非充分必要条件；成功的根本推力来自个人与天、地、人三者组成的大环境之间的共振，成功是这种与天、地、人的共振的结果，而不是客观存在的外部条件的必然产物。这个解释听起来确实有些抽象和拗口。

“真正成功的本质是个人与大趋势之间的共振——这是力量的源泉，用以成就一生的业绩，是长期的，因此我的这种解释是战略上的，是全新的，‘天时、地利、人和’更像是描述成功的‘现象’而不是深刻的原因，往往是局部的和临时的。”刘先生愉快地笑了。

真正成功的本质是个人与大趋势之间的共振——这是力量的源泉，用以成就一生的业绩，是长期的……“天时、地利、人和”更像是描述成功的“现象”而不是深刻的原因，往往是局部的和临时的。

可能刘先生觉得他的说法会有些极端，又补充了一下：“当然创业也不一定都需要所谓的强烈‘共振’，一个稳定的生意，如同大部分的生意一样，虽然发展空间有限，从事它也未尝不是一件快乐的事情。只不过这样的创业不会和真正的成功联系在一起罢了。”

“比如说开一家理发店或者外卖店吗？”徐灿问道。

传奇的财富创造者的曲线是另外一种景象：台阶式的财富增长，伴随一次次剧烈共振。

从两种曲线可以看出，后天贫富的差距绝对不是人付出的努力不同造成的。普通人通过经验积累、职位晋升等，获得了一条毫无悬念的平缓上升曲线，到退休左右开始下降；而成功的人通过寻找外力推动，和强大力量共振获得原动力，通过几个台阶式的财富激增完成创富转变。

通人的财富增长相比较，传奇的财富创造者的曲线是另外一种景象：台阶式的财富增长，伴随着一次次剧烈共振。

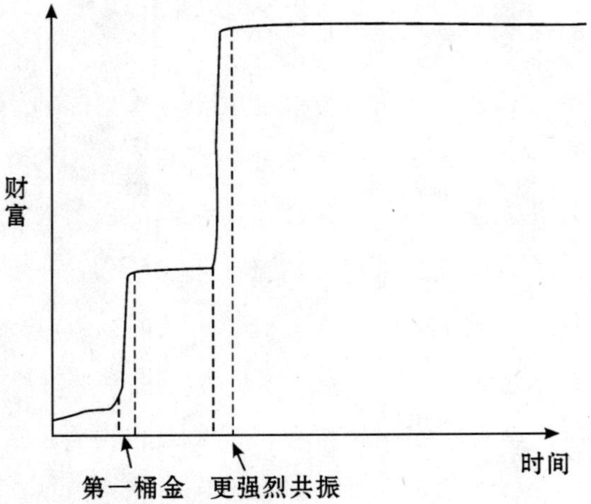

白手到巨富的财富积累曲线：纵轴长、跳跃多，富有戏剧性

从两种曲线可以看出，后天贫富的差距绝对不是由人付出的努力不同造成的。普通人通过经验积累、职位晋升等，获得了一条毫无悬念的平缓上升曲线，到退休左右开始下降；而成功的人通过寻找外力推动，和强大力量共振获得原动力，通过几个台阶式的财富激增完成创富转变。

只有懂得这个奥秘，才能少走弯路，才能理解“努力”和“成功”不能简单建立联系的这个论点。接下来是一个非常有趣的对比案例，能更好地说明共振理论。

案例：

力帆摩托和戴尔电脑

——在新兴产业中寻找强力“共振”

尹明善和戴尔的创业故事非常相似：与新兴的产业发生强力共振，在新的产业板块强力上升的时候，个人的成功随之在短时间内实现。他们初期都是靠组装别人的产品起家，但迅速建立了自己独特的竞争力。开始时的投资也都很小，这样的投资额对大部分人来说都不能成为障碍；真正难以模仿的是他们的“屠龙术”，他们驾驭成功的原动力，使他们的企业快速成长为巨型的企业帝国。一个成为中国最大的民营企业之一，另一个在个人电脑上打败了IBM、康柏等老牌超级劲旅，他们都是在短短的数年里成就大业的。有意思的是，尹明善在快退休的年龄挖到第一桶金；而戴尔成为百万富翁的时候，才刚刚从大学辍学，乳臭未干。虽然国家不同、产业不同和年龄不同，但两个人成功的脉络如出一辙，值得探讨。尹明善如同中国的戴尔，而戴尔则是世界的尹明善。

与戴尔的成功相比，尹明善的成功有了志士暮年、壮心不已的悲壮

1992年，尹明善已经50多岁，集资相当于两万多美金的人民币，开办了一个小工厂，参与为重庆刚刚兴起的摩托车装配产业生产简单的部件。当时重庆的产业格局是以两家摩托车组装厂为首，一个为“嘉陵摩托”，另一个为“建设摩托”，加上一批和尹明善的工厂类似的只能生产简单配件的配套小厂。简单配件谁都能生产，竞争很激烈；复杂的部件如发动机又没有人会做，反而供应不足。教师出身的尹明善开局不顺。

之一，进入了世界500强，和IBM、康柏、惠普等电脑巨人平起平坐，甚至领先了。在2004年全球500强企业中戴尔公司排行93位，戴尔的个人财富名列世界富翁的前20位，在40岁以前一直都是全世界40岁以下最富有的人。

1992年摩托车行业在中国和1984年个人电脑行业在美国的情况是非常类似的。行业的起步都是由掌握巨大资源的大型公司领导着。但大企业的运行方式与目的和小型企业的并不相同，这给小型企业在这个市场留下了很大的空间和机遇。在行业强劲上升的时候，小型企业如果抓住了立足机会，通过创新获取竞争优势，就有可能反超那些大企业，甚至击败那些曾经被认为不可击败的"巨无霸"。

还是共振

个人努力虽然非常重要，但是如果与行业共振的时机错过了——比如现在开始制造摩托车发动机，或者开始生产电脑——那就绝对没有可能成长为下一个尹明善或者麦克尔·戴尔。

可见，以尹明善和麦克尔·戴尔为典型的成功模式中，行业与个人命运的共振是何等重要。国家有兴衰，行业有成败，个人有高峰低谷，但这些都是按照各自的频率或者周期来运行的，比如一个国家或者民族，朝代变更几百年一个轮回，而期间也有无数更长的和更短的周期。

个人的命运受自然规律的控制，只能被限制在很短暂的一段时间里震荡，缺乏"以时间换空间"的本钱。所谓"大江东去，浪淘尽，千古风流人物"。有的人可以改变历史、改变国家，但自己的命运却改变不了——无法控制生、老、病、死，只能被动地接受命运的安排。所以，当一个人处于人生的高潮的时候，所处的大环境正在低潮，就会徒然生出生不逢时的慨叹，或者有的人，终生卧薪尝胆，等到可以大展宏图的时候，却发现“冯唐易老，李广难封”，百般遗憾地与成功擦肩而过。

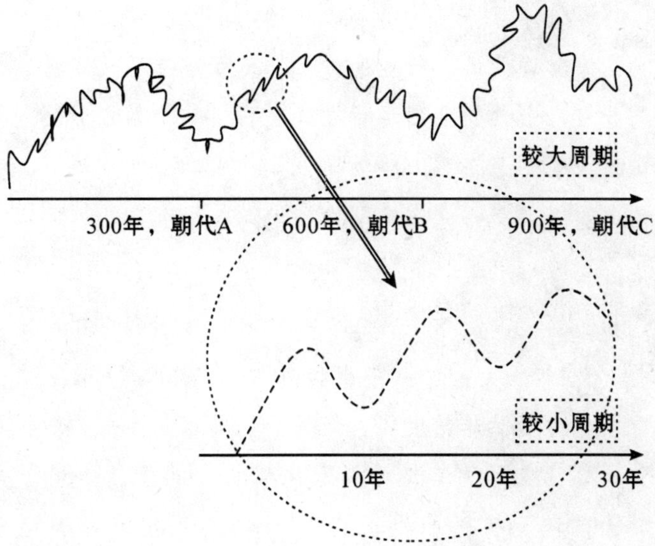

国家的兴衰

如此说来，人如果想要成功的话，与其等待顺其自然的共振，不如主动改变自己的命运趋势线，就像戴尔或尹明善一样。戴尔命运的高潮本应该迟到10年，如果他选择了正常的人生轨迹——从名校毕业，积累几年工作经验，然后跳槽或者得到升迁，从而攀到他的第一个人生高点。但是，他没有这样做，他选择了改变自己的命运曲线，放弃可以到手的学位，在全球性的行业变革大潮即将来袭的时候，把自己放在了最前沿的位置，迎来了持续的强力的共振，得到了充沛的原动力！

尹明善与戴尔不同，他没有能把人生的高潮主动提前，

与之同时共振、爆发，取得了常人根本无法想象的成功。

（故事来源：《摩托车国王　尹明善白手创业故事》，作者未知；《美国11位白手起家的百万富翁的发家史》，作者：张艳丽，载于 www. people. com. cn）

第四章 寻找商机——方法

机会无时无刻无地不在，需要的是能发现机会的眼睛和头脑。发现商机最大的障碍是源自内心的熟视无睹和缺乏敢于比别人深挖一步的勇气。

徐灿做了一个梦：他奋力登山，山非常陡峭，怪石嶙峋，而且越往上爬越冷，终于，当徐灿登到山顶的时候，在他眼前宽广的云海上浮现出一幅摄人心魂的海市蜃楼，从天到地展开，无比壮观，这绝对不是在人世间所能见到的景象。他无比激动，瞬间便被这壮丽的景观征服，伸展着双臂想融入这幅巨大的图画。正在此时，徐灿突然醒了，发现被子已经掉在地上多时，夜凉如水，四周寂静至极，想到刚才不过是个梦而已，觉得意犹未尽，继而若有所失，年轻的徐灿心底生出无助的藤蔓，这个梦挺奇怪的。

要想在机会面前不退缩，首先要明白你自己真正的需要，究竟你是否真地想去创业，和想达到什么样的目标。

第二天是星期六，徐灿又和 Leo 一起去见刘先生。相互问候之后，很快地，大家又转移到昨天的话题上来。

Leo 问了为什么人们在机会面前会退缩的问题。刘先生答道："要想在机会面前不退缩，首先要明白你自己真正的需要，究竟你是否真地想去创业，和想达到什么样的目标。绝大多数的人会选择寻找一份稳定的工作，因为创业就意味着实实在在的风险和不确定性，即使是创业者，大部分人的目标也比较低，只要有更好的收入，发些小财，比邻居好些就满足了，而不是去追赶比尔·盖茨。因此，在一些关键的时刻，人们会退缩，而不像那些成功的人一样敢于放手一搏。昨天你们举的每个例子都能很好说明。"

"您的意思是，比如当他们感觉到时机到来的时候，敢于放弃即将到手的名校学位，这可是以后找到一份好工作的敲门砖啊。"徐灿小心翼翼地征询道。

"也就是说大部分人实际上不是真的期待'共振'，而是躲避'共振'，希望随波逐流以图安稳，而不是冒险——按照您刚才所说的，对吗？"Leo 跟进了一步问。

"可以这么说吧。"刘先生对此给予了肯定，但似乎觉得有些不完整，又加多了一些解释，“这基本上是每个人的价值取向问题，选择什么样的人生道路，这和勇敢与怯懦无关。每个人都是最优秀的经济学家，所有人都在分析如何努力才能把自己的生活调整到最佳状态。不过我们目前的社会习惯和教育方法，往往在无形中压抑和剥夺着人们选择创业的意愿和权利”。

“嗯，比如很多人都通过按揭贷款来买房子，一旦买到了一处房产后，就必须按月来偿还一笔不小的贷款，这样对他们来说，与其冒居无定所的险还不如停留到稳定的工薪上来。这被认为是对家庭的负责任。还款的期限往往要几十年，等到贷款还清的时候，很多人已经不年轻了，肯定不想承担更大的风险了。”徐灿提出了一个比较现实的解释。

“哈哈，那贷款合同不是以命运作赌注，和魔鬼签契约吗?”Leo 笑着回应徐灿。

“不一定啊，用刘先生的话说，这是个人的价值取向问题。房屋贷款让年轻人能买得起自己的房产，对建立稳定的家庭，甚至稳定的社会起到了重要作用。”徐灿眨眨眼，给予了反驳，“整个教育体系好像也在努力把人们塑造为专业的员工，家长、学校都把目标设立为让学生接受‘良好’的教育，以后好在大公司找到一份好工作。但不知道这会扼杀多少个比尔·盖茨”。

刘先生点点头说：“你们说得都对，即便是商学院、管理学院，他们也只是教给学生比如人力资源管理 101、市场营销 210 等课程，很少听到有创业 120 的，是吧?”

成功前的积累

少许沉默后，Leo 提出了徐灿想问的问题：“既然成功的力量来源于‘共振’，那么怎样才能知道我们是否能等到‘共振’的那一天啊？”

刘先生收起微笑，回答道：“‘共振’，不一定是等来的，也可以是找到的。但首先要了解自己是不是准备好了。既然是‘共振’，那么双方主体的命运必然是息息相关的。机会是外在的，在任何地方任何时间，都存在着可以产生‘共振’的机会，但是常人并不一定能够驾驭他们。没有能力或懒惰，总是持有怀疑和猜测，直到有一天证明为不可能为止，持有这种态度的人，也会被成功拒之门外。如果想取得真正的成功，先要学会提升自己，以便以后能够向巨大能量挑战，驾驭潮流。”刘先生说到这里，向徐灿和Leo看了一眼。

> 没有能力或懒惰，总是持有怀疑和猜测，直到有一天证明为不可能为止，持有这种态度的人，也会被成功拒之门外。如果想取得真正的成功，先要学会提升自己，以便以后能够向巨大能量挑战……

两人明白，刘先生的意思是让他们说说他们的理解。于是徐灿答道：“为自己储备能量，就是做一个有准备的人，因为机会出现的时候，总是那些有准备的人才能抓住。最重要的储备应该是知识、经验，还有人脉。”

Leo接过来说：“有很多似乎不相关的经历，都会在以后被连接起来。最近我看到了苹果公司和Pixar动画工作室的CEO史蒂芬·乔布斯（Steve Jobs）的一个故事，他当年因为经济拮据，不得不从大学里退学，之后的那段时间里，他还留在校园内，学会了书写美术字，当时这些东西看起来好像都没有什么实际应用的可能。但是十年之后，当他设计第一台Macintosh电脑的时候，把当年学到的美术字都设计进去了。Macintosh成了第一台使用了漂亮的印刷字体的电脑。如果他当时没有退学，就不会有机会去学习这个他感兴趣的美术字课程，Macintosh就不会有这么多丰富的字体，以及赏心悦目的字体间距。那么现在个人电脑就不会有现在这么美妙的字体了。多年之后，乔布斯把从前的点点滴滴联连起来，觉得豁然开朗了。知识和经验都是积累起来的，当下所做的一切，都有可能给将来打下伏笔。”

刘先生点头总结道：“自己怎样增加积累，除了目光向外看、主动学习外，还要脚踏实地做好眼前的事情。你们都读过很多书，但正规教育只是积累知识的途径之一，松下幸之助只有小学六年级文化，李嘉诚也只是中学二年级，爱迪生只有小学一年级三个月的正规教育，更有意思的是当今世界顶级富豪中大多数都没有大学学历。你们可以看出来学历不是最重要的，人们往往过于重视学历，而不知道眼前枯燥的工作带来的经验和知识都可能成为未来成功必要的引信。”

知识和经验都是积累起来的，当下所做的一切，都有可能给将来打下伏笔。

人们往往过于重视学历，而不知道眼前枯燥的工作带来的经验和知识都可能成为未来成功必要的引信。

Leo 和徐灿明白了，刘先生所说的是，希望成功的人既要目光远大也要脚踏实地这一“简单”的道理。

“你们一定觉得我在老调重弹吧？不过不要忘记我说的，成功来自‘共振’，没有自身的积累，就拿不出‘共振’的本钱。只有看别人‘振’的份了。”这样说来，大家对这个老调又有了新的认识，这个道理很浅显，刘先生也似乎没有继续深入的意思。

徐灿很委婉地提出了一个问题：“我的一个朋友，以前在中国某个海港城市做海运生意，虽然不是在上海、深圳等大都市的港口，但那个港口的吞吐量也有奥克兰的三倍。奥克兰可是新西兰最大的港口啊，在这样有限的经济体内，能找到什么大的机会呢？”

刘先生沉吟了一下说道：“市场大和市场小的差别是客观存在的，我们不能忽视和否认。但我想问一下，你的朋友在他那个城市的海运市场份额是多少？”

“这个城市大概有上千家类似的公司，他们只是其中一家而已，市场份额还谈不上。”

刘先生接着问："那么他的利润率怎么样？"

"因为竞争激烈，而且每个公司的服务都比较类似，做这一行已经大不如前，利润不高，而且即使现在做得很好，也有可能很快被别人挤垮，生命周期很短。"

刘先生微笑着说道："有的时候，就个人的机会而言，市场的大小并不重要，市场的密度才重要。你知道很多新西兰公司坚守着一小块市场，而不是求大，他们更重视保持良好的利润水平。在这种环境下，没有太过激烈的竞争，新企业更容易成活，也更长久些。"

"也许您说的是对的，新西兰市场竞争相对和缓些，可能容易起步，可是，这样狭小的市场，全国只有400万人口，而且人们普遍趋于保守，不愿意消费，做什么生意都不可能做大，哪里能找到真正意义上的机会呢？"徐灿显然还是不太满意刘先生给出的答案，于是接着问出一连串的问题。

"机会分布确实不是均衡的，有的地方机会更多些、更大些，这是事实。但任何地方都存在着机会，有些时候，仅仅需要一个切入点，就能开创一个人的成功。这世界有再多的机会也是没有意义的，重要的是要有你能抓得到的机会，也许一个就够了。新西兰虽然小，但机会也是不少的，尤其是人均的机会量，新西兰人百万富翁的比例相当高。新西兰有些产业拥有着世界任何国家都没法比的竞争力，能量一旦爆发，是不可估量的。最后，新西兰是个海洋国家，易守难攻，成功者的舞台不必仅仅局限于新西兰啊。新西兰最富的几个人，都是在世界范围内经营的。"刘先生兵来将挡、水来土掩地回答道。

Leo这个时候终于找到时机，也插了话进来："您说新西兰也有机会，可我看这里更适合悠闲地生活，商机究竟在哪里呢？为什么我们找不到呢？"这也正是徐灿要问的问题。

最后一米

可是刘先生似乎不想直接告诉两个人，他回答道："这个问题提得好，真正的商机不会敲锣打鼓地出现，所以你们看不到。而且，商机其实还是一件挺危险的东西。绝大多数别人看来诱人的创业商机，在我看来，却是陷阱甚至是泥潭，不值得投入。可能不仅空耗了时间，还会消磨意志。"

商机其实还是一件挺危险的东西。绝大多数别人看来诱人的创业商机，在我看来，却是陷阱甚至是泥潭，不值得投入。可能不仅空耗了时间，还会消磨意志。

他继续说道："商机有很多，但需要善于发掘，也要善于挑选，善于挑选可能更重要——这一点我们以后再深入探讨。我确实看到新西兰有很多机会，但我的年纪、经历、资源都和你们的不同，我的风格不一定适合你们的情况，所以我们所能看到的是不一样的，我们能通过一些讨论和调查一起找到一些潜在的机会，你们知道如何运用这些方法后，以后就能找到适合自己的机会，即便是去了其他国家，即使条件发生了变化也没问题。"

刘先生传授方法，不是直接点明具体去做什么，给人一种授之以渔，而不是授之以鱼的感觉。两个年轻人期待刘先生像昨天一样让人有一个180°的思想大转弯。

"商机是一种潜在的创新，是让创业者可以随意书写的白纸，它无时不有、无地不有。好像如果存在一定的落差，水就会流动；如果存在一定的温差，热就会传导。道理都一样，商机也是一种落差，高的一端如果是一个人的经验、知识，或者能力、眼界等，而另一端则是现实，或者说一端是可能的需求而另一端是可能的供给，就出现了可被利用的落差，你就可能因此创造性地连接两端，开始一次商业旅程，你所看到的就是进入这个行业的机会。直到落差两端全部被别人连接起来，这个窗口就暂时关闭了。不同的人会看到不同的落差，因为如果你没有更高的见识，也就不存在看到商机的可能性。从某种意义上讲，具有不同的背景的人更有可能看到机会，因为和那些在单一的背景下而变得‘熟视无睹’的人相比，他们发现‘落差’的机会要大很多，因为前者有更多的见识。如果想发现这些机会，关键有两点，就是关注和挖掘。”

“关注和挖掘？”两个年轻人不解地问道，“机会是能被挖掘出来的吗？”

“每时每刻都有机会，但他们都不是在地面上，而是要人来挖掘，所以一般人看不到。首先你必须坚信每个角落都一定存在着线索，才能把潜在的机会挖出来。机会停留的时间很有限，所以叫‘机不可失，时不再来’啊！”

“首先你扫描一个感兴趣的目标区域，比如一个行业，全方位了解这个区域，关注它，这是第一步预热。第二步，深入分析，接触消费者、工作人员等，用‘头脑风暴’法简单列出所有可能存在的替换、改进或者提高的流程、产品或者服务，先不必追求细节。最后，对每个可能存在的改进进行深层研究，这时，你的见识就不一定能解答所有的问题，你就需要做更多的研究甚至是发明，最后确定是否可行。这样，你们一定能找到很多商机。”

徐灿有些失望。他本来期待着刘先生会告诉他一些诀窍，让他幡然醒悟，生出一双慧眼，可以随心所欲地发现那些掩藏的商机。如此简单的方法，难道会有效吗？徐灿看了一眼旁边的 Leo，他也是一脸茫然。

刘先生笑了笑，看透了两个年轻人的心思，说道：“有一幅漫画，画的是一位挖井人，在地上掘了不少的大坑、小坑，但没有一次能坚持到底，甚至只要他再多挖两锹就能挖到渴望的水的时候，他却弃之而去，终究功亏一篑，最后得出这个地方没有水的结论。不知道你们看到过没有？”看到两个人点点头，刘先生接着说道：“发现商机的诀窍就是敢于凿深井。绝大多数人不愿意多深入去想，遇到不理解的问题——我们暂可叫做‘知识或能力缺口’——就早早宣布此处没有机会，最终转向寻找一份安稳的工作，因此和机会擦肩而过。多想一步确实是很困难的，‘知识或能力缺口’阻挡了大部分人深入的脚步，你要去钻研大多数人不知道的秘密，要战胜不愿意思考的惰性，一旦你破解了，可能会发现许多‘有可为’的机会。这‘最后一米’，就是找到机会的关键。最后一米是少为人知的领域，也许你要找大量的资料，或者找专业的人士帮忙，甚至要为此进行研发来创造新的系统。”

挖井人：这里没有水！

刘先生看两个年轻人似乎有些认同了，继续说道：“刚才我不是说要你们参与吗？你们能不能在接下来的两个星期，各自找到一个着眼点，按照我教你们的方法深入分析，然后告诉我发现了哪些潜在的机会，白手就能发展起来。如果需要某些专门的知识，你们先不必立即掌握它们，要知道在哪里可以找到就行，你们可以借助互联网来查找信息。简单来说，就是希望你们能在两个星期内各自挖掘一口‘试验井’。”

徐灿和Leo点头承诺两个星期之后再次碰头。刘先生最后要求他们自由选择考察范围，但是一旦选择了，就不可以更换了。

徐灿笔记

按照刘先生的说法，商机是无处不在的，只是人们懒于深入思考罢了。有别于从前的说法：鼓励人要“逆向思维”来发现机会，刘先生只是让我们正向地而且非常深入地思考，深入别人浅尝辄止的地方。刘先生称之为“距离成功的最后一米”。

刘先生给了三个步骤来参照。

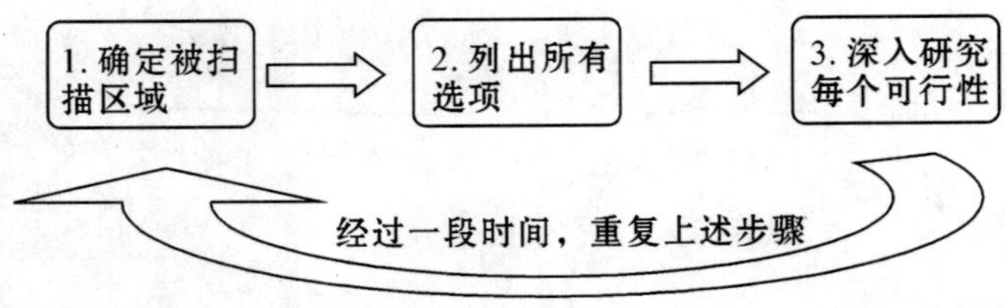

商机总是此起彼伏的，因此，每过一段时间需要重新调查一番，总会有新的收获。发现商机要克服的首先是“熟视无睹”，其次是“自我设限”。“熟视无睹”让我们面对机会视而不见，“自我设限”则让机会白白流走而无所作为。

很多企业家创业的时候都凭借着一些“灵感”的出现从而发现了机会。但它是随机的，并不能保证“灵感”什么时候来或者在哪个方向。刘先生强调系统和深入，系统可以防止漏掉，深入能保证比别人领先。刘先生让我们坚信处处有商机，那么我就先承认这些，看看通过梳理，是否能有所发现。

系统可以防止漏掉，深入能保证比别人领先。

寻找商机——实践

第五章

两个年轻人都在短短时间内发现了不错的商机，看来机会并不稀缺。但机会可能是一个美丽的陷阱，她可能吞噬你的积蓄、你的精力、你的青春。当你走近这个“机会”的时候，往往会被她的美丽所迷惑，浑然不知身处何方，只想飞身扑火；一旦你启动了一个这样的“机会”，就会像穿起了红色的舞鞋一般，不由自主地跳动起来，直到精疲力竭。

徐灿一早起来，因为惦记着刘先生昨天留下来的“作业”，没有心情做别的事情，打算四处走走，寻找点灵感。他漫无目的，到几个购物中心闲逛了一番，拜访了一个朋友，还是没有任何主意。买了一份周末报纸，一大串的新闻报道，令他无所适从。一直到了下午，他还没有理出头绪。

徐灿暂时把这件事情放下，驱车来到一家华人超市购物，一脚踏进这个超市时，一个念头突然闪现：为什么不从这里开始呢？——既然刘先生让我们坚信处处有商机。

扫描目标

目的变了，徐灿立刻来了精神。他来到超市里面四处打探，之后还去了其他超市，甚至韩国人、印度人开的连锁超市和杂货店也转了转，几天时间里徐灿往返于十几个大小超市之间，一旦有想法，就录在手机里，还在必要的时候偷偷地拍一些照片；遇到不明白的事情，就直接问店主和雇员。徐灿想这就是刘先生说的首先要关注一个行业，扫描这个行业吧。到了晚上，就像过电影一样，他把白天所见到的事情整理出来，写在纸上。

完成了第一步，徐灿开始了第二步，要列出所有可能出现的与超市相关的机会——只要是稍稍有点可能性。这主要有几个方面。首先当然是向超市供货，但问题是需要知道供应什么产品才能被接受并有利可图。徐灿把产品简单划分为两类：进口产品和本地采购的产品。据徐灿所知，相对而言，经营进口产品的可能性不大，而本地采购的产品中肉类、乳制品和一些品种的水果完全受新西兰的一些农业合作企业控制，很难参与。但是徐灿还是发现一些产品似乎可以打入这个市场，是否确实可行，这还有待随后更深入地探讨。

其次，徐灿发现有些超市，尤其是少数族裔经营的超市的物流管理、进销存系统集成、企业形象以及员工的职业素质与本地的大型超市相比存在着很大的差距，具有很大的提升空间。徐灿有学历和经验，如果能为这些公司提供咨询、企划或者培训，这又何尝不是一个机会？

再次，这些超市大部分是特许加盟的，如果有资本，也可以开一间。这一想法当然立即就被枪毙了，徐灿可没有那么多钱，也不符合刘先生白手起家的要求。不过，徐灿还是把这些发现按部就班地记录下来了。

他知道在下一步“挖深井”式的深入钻研的时候要把事情弄清楚，以便找出商机。接下来整整一个星期，徐灿冥思苦想，深入到每个可能的方案中，通过各种途径把自己的知识与实际需要的差距填补上——有些知识虽然不能掌握，但起码知道如何让它可行。

徐灿开始筛选所有超市经营的产品和可能经营的产品，以便找到切入点。从超市的采购部门了解到，超市进口产品的供应商，在配送仓储、品质管理、连续供应、资金准备上有成熟可靠的操作，合作关系很好，也有很长时间了，没有实力的供应商不容易进入。而如前所述，本地的肉类、水果等都被大型公司所包办。随着一项一项不断被排除，徐灿把目光放在了蘑菇的供应上来。徐灿记得很久之前，他的一位伯伯退休在家时培养出大块大块的平菇，肥厚鲜美。在中国有各种各样的蘑菇，更有非常丰富的养殖经验，没有太多文化的农民都可以种植出鲜美的蘑菇，价格低廉，相信自己可以做得很好。新西兰常见的就那么一两种蘑菇，而且价格非常昂贵。徐灿嗅出了一些商机的味道，他现在需要做的是证实那些还不确切的信息——或者说，填补“最后一米”的知识经验缺口，通过深入调研确定可行性。他把几天以来收集的资料归纳如下，记入笔记。

徐灿找到的是一个小小的落差，新西兰超市里面的蘑菇品种是非常单调的，一方面是消费者的食谱中蘑菇烹饪方式很少，另一方面也是垄断造成的。这些固有格局并不容易被打破。

……蘑菇喜欢昼夜温差大的地方，因此中国盛产蘑菇的地方很多都是山区。新西兰温暖而且昼夜温差大，自然气候得天独厚。

生产蘑菇的原材料多为有机物，不同品种，母料有所不同，常见的是面籽壳、稻草、木屑甚至是活体树木等都可能是良好的培养体。新西兰农产品不发达，但是木业发达，与木材相关的粗加工行业也相应发达，原材料的寻找应该因地制宜。

新西兰市场上的蘑菇生产总体上被一两家企业所垄断。在南岛和北岛各有生产基地。集中生产，依靠新西兰便利的交通系统派送到各个城市的大型连锁超市。但由于配送的成本问题，小型蔬果店有所忽略，不能到达，或者货架期短、质量不好控制。当一个企业垄断性占有市场的时候，往往不愿意花费精力去服务市场内那些小的、不容易服务的细分空间。

技术：新西兰目前没有机构提供蘑菇种植的知识技能。中国有这方面的专门培训，如果需要，可以回国培训。同时，在中国还可以采购生产蘑菇的大、中、小全套器材，以及自动控制设备等。

场地：可以在室内、温室棚或者林地内种植蘑菇。不同品种可以覆土栽培，也可以架上、捆上层叠栽培，增大单位面积的产量。不需要光合作用，场地灵活，产量高，生长快。

市场：健康食品越来越被人们接受。目前，新西兰的蘑菇市场品种很少、价格比较高。如果有更好的产品投放市场，应该有广阔的前景……

徐灿感到很兴奋，而且是越想越兴奋，恨不得马上启程回国学习蘑菇种植技术。没有想到如此轻易就发现了一个商机。回想这几年空有意愿，但却无处下手，甚至开始有些怨天尤人，可能就是自己“井”挖得不深。浅处的水要么已经早早被别人找到了，要么就不好喝，不能怪别人。

除了蘑菇之外，徐灿觉得还有几种食品都很有可行性，可以以机械化的手段生产，除了供应华人超市外，还可以供应给其他亚洲超市、饭店、外卖店。但是因为不存在进入壁垒，市场又过于狭小，很容易变为过度竞争。而为华人企业提供咨询培训等服务的想法，徐灿觉得时机还不成熟，因此先放下。

成果展示

到了碰面的这天，徐灿穿戴整洁地来到刘先生的家。三人见面，气氛变得很热烈，看来都有东西要说，寒暄过后，开始了今天的议题。Leo 首先讲述了他这两个星期的故事。

Leo 是搞 IT 技术的，虽然信息科技日新月异，但是它的发展速度已经不如从前，而且，开始有饱和的迹象。准入门槛越来越高，软件开发越来越复杂，该有的软件都有了，再也没有像比尔·盖茨当年的情形了。因此，Leo 找到一份稳定的工作，按公司既定的方向开展工作，凭借聪明的头脑和丰富的专业知识，在这一领域已经很有成就，成为公司比较核心的开发人才，但从没有想到去创业。

从一个行业跳到另外一个行业似乎不明智，于是 Leo 决定就在软件行业寻找可以发掘的机会。他从自己的公司着手考察，然后是自己的客户，接着看竞争对手等，凡是有可能，他都去探索，最后目标锁定了几个。进入这几个领域的最好办法就是购买这个领域中的一个企业，通过改进已经成型的软件系统，在现有客户群体的前提下，可以实现创业，但是这有悖于刘先生的要求，即“白手起家”。于是，Leo 开始很迷茫。

Leo 接着表述：“到了后来我按照刘先生指点的方法，发现了一个产品可行。这个市场正在经历爆炸性增长，在澳洲、新西兰，增速达到每个季度 75%。原本一个小产品已经转变为一个很可观的、很有潜力的大市场。”

“也许正是因为它发展太快了，很多人都没有反应过来，还用过去的观点看待这个市场，以为它是边际的、不重要的产品，因此而忽视了这个正在兴起的产品市场，更没有人尝试去细分它——说到市场细分，汽车中高端有奔驰、宝马；中端有丰田、大众；低端有现代、起亚。这些可以满足不同人的不同需要。但我说的这个产品在新西兰市场上只有很少几个品牌在竞争，而且都是价格类似、本质相同的产品。我认为也许机会就在这里。”说到这里，Leo 停顿下来，吊足了大家的胃口。

面对徐灿急切的目光，Leo 缓慢地继续说道：“我说的产品是电脑安全防护软件。我们都或多或少使用安全防护软件，比如防病毒软件，防火墙软件，防黑客、防木马等软件。安全防护软件还有很多层次，低端产品比如一般用户的病毒软件；高端产品比如政府、银行、大机构的信息安全防护软件等；中间还有大中小企业安全防护系统等。”

“病毒软件曾经对大部分人来说是可有可无的，但是由于最近几年病毒技术发展很快，借助网络传播，经常都是世界性地爆发。没有哪台电脑可以真正免疫，除非不用电脑。所以，市场以几何级数膨胀。但奇怪的是，在新西兰基本体现不出这种情况。市场被诺顿和 Mcfee 所垄断，最近有一两个品牌进入了，但是他们的产品基本上没有区别，价格也没有区别。处于一种寡头垄断的状态，所以几个竞争者之间形成一种默契，都保持高价格，提供最少的服务，却获取最大的利润。例如，买最基本的病毒防护软件，只有一年的升级时限，却要付出50多美金。因为竞争非常不激烈，为其他产品进入市场留下空间。”

“经过我的了解，发现病毒软件并没有技术壁垒，内核都很类似，只是需要不断更新病毒库。去年，我去中国和日本等几个国家出差，发现那里这个行业竞争非常激烈，当地的产品价格非常有竞争力，有些产品终生免费升级，质量不比任何国际品牌差，占有绝对的市场优势。我打算引进其中一两个品牌来这里销售，抢占不同的市场细分，获得领先地位。相信可以实现白手起家。这就是我找到的商机。”Leo说到这里，微笑颔首：“你们觉得怎么样?”

“这真是很妙!”徐灿心里想着。刘先生没有发表评论，转向徐灿，请徐灿讲讲他的发现。于是徐灿像Leo一样从他两个星期前谈起，如何找到自己的发现。介绍了前因后果之后，说道：“因此我断定，蘑菇养殖在新西兰是极度缺乏竞争的行业，身处垄断地位的公司不愿意深挖市场，也不愿意引进更多的品种，以免增加成本，这样给市场留下很大的空间；而中国是蘑菇栽培技术最为发达的国家之一，我打算回去参加学习班把蘑菇技术学好，在这边先开一个试验工厂，最后开一个蘑菇栽培公司，把更多品种的蘑菇引进新西兰市场。”徐灿叙述完，补充道：“我按照刘先生的方法，逐个深入其实还发现了其他几个机会，以前却熟视无睹。”

Leo听罢说道：“是啊，新西兰的蘑菇品种少，价钱高，如果你能种植蘑菇肯定有钱赚，真是个好主意!”徐灿也夸奖Leo的点子真不错。两个年轻人相互夸奖了一阵之后，把目光转向刘先生，想知道刘先生怎样看这两个主意。

“你们两个都很有创造力，打出了两口高质量的‘试验井’。你们能在这么短的时间里，各自独立发现一个商机，难能可贵。更可贵的是，这两个商机都具有很强的可操作性，而且符合我说的白手起家的要求——靠脑力，不需要很大的资源投入。”刘先生称赞道。但是，他话锋一转，接着说道：“如果按照你们的做法去做，我的眼前看到的是若干年后的两位小老板，各自经营着一家公司，自己要忙里忙外，有时还要在竞争的环境中风雨飘摇。”

与其开一间毫无特色的没有优势的公司，还不如找一份好工作。前者要耗尽你一生中所有的富余精力，想有个无牵无挂的假期都很难；而后者起码没有那么多风险和压力，可以多享受些天伦之乐。

刚才还情绪高涨的两个年轻人，转眼间变得迷惑不解，这话听起来肯定不是表扬，他们等着刘先生继续说下去。

刘先生稍微停顿后，略带揶揄地说道：“与其开一间毫无特色的没有优势的公司，还不如找一份好工作。前者要耗尽你一生中所有的富余精力，想有个无牵无挂的假期都很难；而后者起码没有那么多风险和压力，可以多享受些天伦之乐。我见到很多人，急于创业，但因为不善于发现机会或者不善于利用机会，结果一生成为一个小生意的奴隶。”刘先生的话对两个人打击不小。

“现在就让我们说明一下为什么我对你们的计划持有疑义吧。请告诉我，年轻人，如果实施你们的计划，各自能够赚多少钱?”刘先生问道。

这样的问题是每个创业者一开始都会遇到的，其实也并不难回答，只要估算一下市场潜力和产品的利润率就可以轻易得到一些预期。当然，有些信息可以直接查找获得，而大部分信息是未知的，这就需要通过建立一些假定，再加上一些现成的数据，推理得来。

徐灿思索了一下，看来这个问题他自己都没有仔细想清楚过，说道：“如果每公斤的毛利润能有2元纽币，每天出产100公斤，能有200纽币的利润。那么每年可以有税前6万的利润。”

报出这个数字后，徐灿自己都觉得惭愧，这正好是一个普通工薪家庭的平均收入，只好一边挠头一边补充到：“看来还是需要扩大规模，不然确实不赚什么钱。6万元的利润不如找份好的工作，不过，扩大规模的话，成本就会相应上升了。”

刘先生没有作出任何评论，又用眼神转而询问Leo，Leo慌忙说道：“我的计划中利润比这个要好些，我算过毛利润能有十多万，不算人工费，但是同样，这是理想状态，如果计算成本，可能也不会赚到什么钱了。”

看到他们沮丧的样子，刘先生微笑着安慰两个年轻人：“当你决定是否开始和怎么开始一次创业的时候，你要用头脑和直觉来决定，而不是被愿望和情绪所左右。其实也不要为错过一辆公共汽车、没有追求到一个女孩子或放弃一个商业计划而懊悔，因为很快，你就会等到下一个。前一段我们讨论过如何成功的话题，那时候时机还不成熟，并没有深入探讨过，也许现在正是时候。你们有资质，会动脑筋，但是在成为成功的创业者之前，我还需要给你们武装一样东西……”

当你决定是否开始和怎么开始一次创业的时候，你要用头脑和直觉来决定，而不是被愿望和情绪所左右。其实也不要为错过一辆公共汽车、没有追求到一个女孩子或放弃一个商业计划而懊悔，因为很快，你就会等到下一个。

刘先生就是这样，打击了两个年轻人之后，还给他们一些希望。刘先生确实没有欺骗两个人，之后经刘先生的指点，两个年轻人幡然醒悟，终于在此基础上打造了两口“高产井”——这是后话。

机会可能是一个美丽的陷阱，她可能吞噬你的积蓄、你的精力、你的青春。

所以，保持清醒的头脑。人生很短暂，如果一个人十年后才突然发觉，他当初选择的并不是一个金蛋，而是一块负重的石头，那是多么懊恼的一件事情！

徐灿笔记

如果你决定成为企业家，那么机会真的很多，在各个角落，在每一个行业和地区，都有着一些人默默地指挥着他的企业。商机有很多，只要肯挖掘，不需要天才，愚者千虑，必有一得。能否看到机会，取决于你敢不敢比别人更深入地思考一下。寻常人喜欢出力，不喜欢动脑，会熟视无睹那些表面被遮盖的机会，我们正好可以去挖出它们。

但创业与否，是一种选择，取决于您打算选择怎样去生活。虽然说“无限风光在险峰”，但一路走来其中的艰苦真要好好思量一下。对成本代价与可能的收获或者根本没有收获，要有个折中的分析。看到有些富豪无比风光地生活着，但是他们是少数中的少数，默默无闻、晚睡早耕的创业者才是绝对的大多数。

而再进一步来说，机会可能是一个美丽的陷阱，她可能吞噬你的积蓄、你的精力、你的青春。当你走近这个“机会”的时候，往往被她的美丽所迷惑，浑然不知身处何方，只想飞身扑火；一旦你启动了这个“机会”，就会像穿起了红色的舞鞋一般，不由自主地运动起来，直到精疲力竭。所以，保持清醒的头脑。人生很短暂，如果一个人十年后才突然发觉，他当初选择的并不是一个金蛋，而是一块负重的石头，那是多么懊恼的一件事情！懊恼的不在于是金蛋还是石头，而是懊恼人生有多少个十年可以这样轻易失去！

怎样才能辨别一个“商机”是好还是坏呢？

成功的“十字架”1

第六章

很多成功的人是在恰当的时间、恰当的地点，遇到恰当的人物，抓住了恰当的机会，结合自己适当的努力，与潮流“共振”，在强大的原动力的推动下取得成功的。但这些都不是事先计划的，而是偶然发生的。如果你觉得没有这样的运气，坐等着就能成功的话，不妨考虑用我们的方法，机会就会出现在你的雷达搜索范围内。

古人说："顺风而呼，声非加疾也，而闻者远；登高而招，臂非加长也，而见者彰。"刘先生前一段时间说过成功的原动力来自与更大力量的共振，说的也是这个"君子善假于物"的道理。这个"物"不一定是有形的，也可以是一种趋势或者力量。刘先生和两个年轻人探讨了如何寻找商机，而两个年轻人也不负刘先生的器重，打出了两口很好的"试验井"。但是找到商机，并不意味着成功。一旦算算利润，发现的这些商机就像肥皂泡一样，虽然绚丽，但一触即破。看来刘先生的话没有错，创业这条路走得越久，距离成功可能越远。因为成功是获得一般人所不能拥有的自由度，我们看到很多老板和自雇人士，虽然收入丰厚，但手机要 24 小时开着，不敢轻易去度个假，哪有自由可言。这并不是我们所要的。所以，一旦你们发现一个"商机"，然后匆匆进入这个领域，有时反而和真正的成功相背离了，这些所谓"商机"不过是危险的陷阱罢了。

最近流行很多"成功学"，一种希望通过自我激励，振奋精神，克服困难的方法取得成功，但是根据观察，除了宣传这种方法的人达到目的之外，追随而成功的乏善可陈，不知道您身边有没有通过这个方法成功的人。成功不是看你多努力，而是看你多么会寻找机会和把握机会。

徐灿接着刚才的话题继续询问刘先生："我理解，上山容易下山难，开始一件事情容易，但如何圆满完成并没有现成的答案。您的意思是我们在进入之前要先做出周全的计划，对吗?"

Leo 接过话题："但现实情况是，一旦开始做一件事情，之后的发展就会有很大的随机性，当时的很多想法都会因为现实环境的变化而变化，怎样才算是仔细周全的计划呢?"

"这个问题很好。"刘先生赞许地点点头。"的确如此，越周全的商业计划最终的结果与初衷背离越大。不过在这里我们可不是谈论如何写商业计划书，那是你们在学校应该学的。我们这里说的是一个未来企业家应该具有的思维。只要想好两件事情，创业者就可以做出自己的决定。第一，机会的潜力有多大；第二，有多少潜在的资源被你掌握，帮你实现梦想。如果你能回答好这两个问题，就知道是否要继续下去了。”

“一个勤奋的人，拼其一生于一个贫竭的矿床，工作不息；另一个勤奋的人，殚精竭虑，不断探询，而后雇佣一大批人为他挖掘蕴藏钻石的矿床。哪个距离成功更近一些？创业就是如此，仅靠‘简单努力’是不能到达成功的彼岸的。有的行业已经枯竭，或者很长时间都不能恢复，那就不应该进入；而有些行业充满机会，正在强劲上升，他们才能给你的成功以巨大的推动力。”刘先生沉吟了一下，问道：“在新西兰的华人社区，哪些行业是不值得进入的？”

徐灿想了一下，回答道：“随便举个例子，我觉得这几年华人旅行社恶性竞争严重，无论是出售机票还是经营旅行团，利润率都严重低于正常水平。工作辛苦，回报却不能与之对应，目前不能算是好的行业。”

Leo对华人社区并不特别了解，但对中餐非常在行，说道：“从我个人的经验觉得中低档的华人餐饮业不值得进入，每次我去华人餐馆，食品非常精美，但价格只有同等的洋人餐馆的一半甚至几分之一，肯定不怎么赚钱——或者，如果能赚钱，就需要付出额外的辛苦。”

看来这个问题比较容易看透。是否有潜力，有的时候靠感觉就够了，但更多时候需要对行业有深刻的理解，做足功课，收集别人没有的信息进行分析，才能得出结论，在更复杂的情况下，还需要具有远见，才能揣测出远处看不到的地方有多大的机会。大部分的行业都会有一个竞争者越来越多、竞争越来越激烈的趋势，同行之间想尽办法来获取竞争优势，直到办法越来越少，行业出现饱和，企业只能通过价格战，把达不到规模的同行挤出去。往往在这个时候，市场的吸引力就很有限了，潜力也就变得不那么大了。其实，旅行社和餐饮业并不是没钱赚，只不过他们是饱和了的行业，没有刚起步快速发展的行业那么诱人而已。

刘先生很高兴看到两个年轻人都完全投入到谈话中。“你们都有很强的判断力，对于个人发展而言，你可以用简单的方法来判断是前进还是后退。”刘先生蘸着茶水在桌子上画了两条垂直交叉的直线，接着说道：“套用你们商学院的方法，评价一个机会是否值得尝试可以把它放进这个坐标系中。横线表示你为了尝试这个机会所拥有的资源——包括你的能力，左边是负，右边正，中间表示刚刚及格；竖线表示机会的当前状态和潜力，上边为大，下边是小，中间点表示等同你所能找到的最好的工作可以给你带来的收益。很显然，最理想的状态是你所发现的商机出现在第一象限，右上角的这一边，你可能会觉得非常得心应手。”两个年轻人顺着刘先生手指的地方看去。

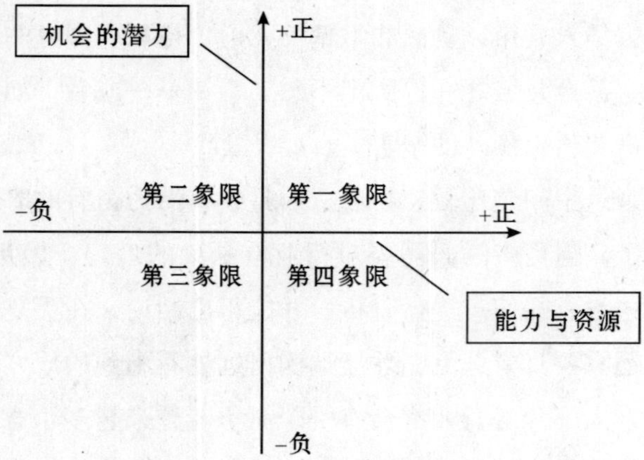

“如果把所有现在成功的企业家放在这个系统中看，你们会发现他们都是在第一象限里的——他们的能力和资源与他所

经营的机遇非常匹配，因此，他们处于一种成功的状态。但是，故事的开始，往往并没有这样完美。有的时候缺乏必要的资源，可能处于第二或者第三象限；有的时候市场机会还没有展现，那么就会处于第三或者第四象限。”刘先生接着解释着桌上的这个水印。

“没有必要的资源或者市场，还能存在吗？”徐灿顺着刘先生的话问道 。

“所有的事情都不是一成不变的。今天没有的技能可能会因为你的实践而掌握，这是我们常说的‘学习曲线’。同样，一个全新的产品既有市场肯定是零，关键所在是看它的潜力是不是够大。”刘先生再次用食指蘸水，在水印上画了一个旋转的圈，说道：“这个螺旋表示不断变化。一个创业者可以从弱到强，也可能从强到弱。当然很多人从来都没有强过，他们在变化中因为耗尽资源而被淘汰。所有的一切都在不断转换，无论是内在还是外在。”

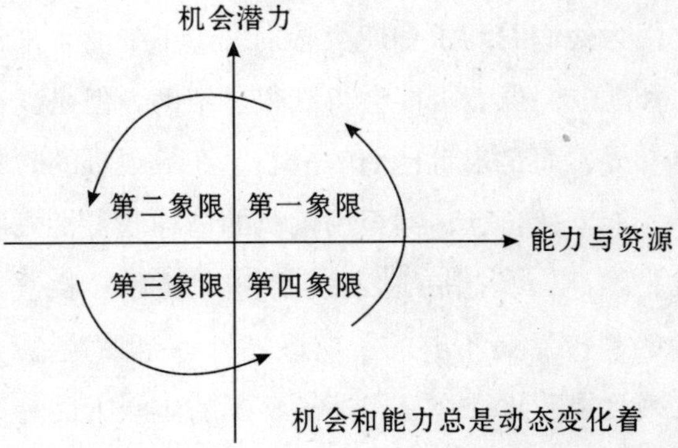

机会和能力总是动态变化着

“所以评价一个商机要看两个方面，先要客观评价这个机会现在的位置，之后要更加客观地看它短期能跑到哪里去。如果它最终能跑到第一象限，那说明这个机会也是值得一试的。

但是最忌讳一相情愿的想法，把所有的事情都按照自己的意图来分析。”刘先生沉吟了一下，补充道：“事实上，大部分所谓的商机其实都经不起这个方法推敲，也就是说，它们可能成为一个个陷阱，一旦决定实践他们，就会让人陷入难以脱身的境地。所以，一定要事先冷静分析，避免过于盲目。总有有价值的机会在等着我们，而且一旦确认自己错了，就要敢于即时止损。这也很重要。”

企业家或者说尚未成就的企业家是最孤独的。因为他们看到了和期待着别人想不到的未来，包括他们的家人和朋友。

徐灿和 Leo 对视了一下都会心地笑了，前两天他们发现的机会都没在第一象限。Leo 于是说道：“我们年轻人都有创业的冲动，有的时候一个想法出现后会兴奋多天，恨不得立即着手准备，过后冷静下来发现很不可行，这就是您说的一相情愿吧。现在回过头来看看安全防护软件的位置，应该处于第二象限底部。行业的潜力是很大但又不是特别大；我们没有销售渠道和强势品牌，目前，资源严重缺乏，但应该有从第二象限到第一象限移动的可能性。”

刘先生接着说道：“企业家或者说尚未成就的企业家是最孤独的。因为他们看到了和期待着别人想不到的未来，包括他们的家人和朋友。虽然可能会得到很多帮助，但是真正的动力不是来自外界，而是来自他们的内心。在最艰难的时刻，只有他们自己才能支持自己，甚至用偏执的精神获得常人所不能达到的成就。因此，我想在这个模型上，仅有‘机会的大小’和‘资源的掌控’是不够的，应该还有一个‘决心’。”刘先生第三次用食指蘸水，在已经渐渐干燥的坐标下面写了一个英文单词“COMMITMENT”。

“我给你们看个小故事吧。”刘先生拿出一本书，翻到书签标记的地方，打开给两个人读。故事这样写道：

日本的麦当劳店加起来有1万多家，每年都有40亿美元的收入。创造这个数字传奇的人是一个叫藤田的日本人。藤田毕业于日本早稻田大学，毕业后在一家电器公司工作。他看到了麦当劳的无限商机，决定贷款经营麦当劳。而要取得特许经营资格是需要具备相当财力和特殊资格的，需要150万美元现款和一家中等规模以上的银行信用支持。虽然他只有不到5万美元的存款，但是他决意要不惜一切代价在日本创立麦当劳事业，绞尽脑汁东挪西凑，几个月下来他只借到4万美元。但藤田是个永不服输的人，他决定向银行贷款。

五年里，无论我的处境多么尴尬，我从来没有动过存款的一分钱，哪怕我四处贷款也都要保证每个月存进去固定的钱，这是我增加存款的唯一办法。

银行总裁听他介绍了自己的情况后问道："你只有五万美元，拿什么作抵押，我凭什么相信你呢?"

"那五万美元是我五年来按月存款的结果。"藤田说道，"五年里，我每月坚持存下三分之一的工资，从来没有间断。五年里，无论我的处境多么尴尬，我从来没有动过存款的一分钱，哪怕我四处贷款也都要保证每个月存进去固定的钱，这是我增加存款的唯一办法。从我跨出大学校门的那一天我就立下志愿，在以后的10年里，我要存够10万美元，然后开创自己的事业。现在机会来了，但是我的钱还不够，所以来贷款，因为我的事业必须现在就开始……"

藤田的话让银行总裁十分震惊，他向藤田问明了存钱的银行地址，然后对藤田说："你先回去吧，如果我决定了，下午就会给你答复。"

当银行总裁来到藤田存钱的银行后，向柜台小姐询问藤田的事，柜台小姐说："他是我见到过的最有毅力的年轻人。5年来，他总是准时来我们这里存钱。我们这里的每一个人都很佩服他！"

总裁回去后立刻给藤田打了电话，告诉他住友银行可以毫无条件地支持他创建麦当劳事业。藤田追问了一句："请问，您为什么决定支持我呢？"总裁在电话那头感慨万千地说道："我再有两年就要退休了，论年龄，我是你的两倍，论收入，我是你的30倍，可是，我的存款却还没有你多……好好干吧，年轻人，我相信你会有出息的！"

（摘自《三十而富》，有修改）

"你们发现决心对于事业有着什么样的作用了吗？"书被合上之后，刘先生向两个年轻人发问。

"强大的决心可以弥补资源的不足。"

"有志者事竟成。"两个人争先恐后地评论起来。

刘先生接着说道："这个案例其实折射了很深刻的东西。我看到很多有志气有抱负的年轻人，他们很想创业，对商机的嗅觉也很灵敏。但是当他们有机会创业的时候，却又畏首畏尾，瞻前顾后，没有信心、决心甚至没有责任心。有的时候，本来很有潜力并很有可能成功的机会，也被错失了。开始创业，困难不能避免，如果没有背水一战的信念，积极尝试所有可能的解决办法，是没有办法成功的。你们说得对，有的时候决心可以弥补资源、能力不足的'短板'，甚至起到意想不到的效果。相反，如果决心不足，一手好牌，也会输得干干净净。这就是为什么我把'决心'二字放在成功坐标系上的缘故了。"

短暂的沉默，三个人都不约而同地停下来似乎在回味刚才的谈话。窗外，一群野鸟飞过，留给蓝天短暂的宁静；桌子上，先前画的十字坐标已经风干，只有手写的"COMMITMENT"还闪着一丝晶晶的水亮。

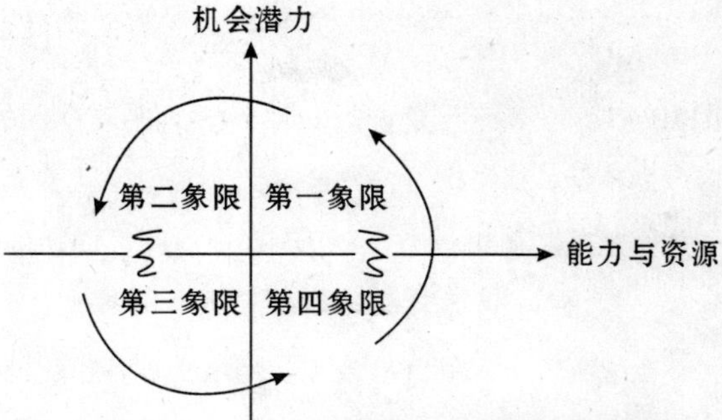

机会和能力总是动态变化着

COMMITMENT

徐灿笔记

机会无时无刻不存在，只要人们愿意去挖掘。但是，机会本身千差万别，有的很有潜力，可以释放出一鸣惊人、一飞冲天的动力；有的给创业者带来的收益与找份好的工作得到的收入相差不大，而且还没有为别人打工那样省心，当然如果运气不好，错把陷阱当机会，那么大把大把的时间和金钱就要抛进这个无底洞了。另一方面，衡量机会的同时也要衡量自身的资源，即技术、经验、资金和人脉等，资料的缺乏，可能让你和机会隔河而望。

作为年轻人，我们有一个共性，就是无法抗拒创业的冲动。一旦有个机会在眼前，就很难抵御去尝试它的诱惑——这种诱惑来自内在对未来的梦想，所以总是会受到自己主观情绪的左右，一心想成就事业，而不知道从何入手，更不知道到底什么样的机会适合自己，结果往往以付出学费告终。如果每次用这个尺子来衡量，从容做出进退的决策也许对很多人都有帮助。如果机会不适合我，也许不碰它最好。刘先生的四象限变化图就是一把衡量自己与机会的尺子，可以对号入座地来分析。

作为年轻人，我们还经常缺少“决心”，刘先生用英文单词“COMMITMENT”来表示，是说对一件事情的完全投入的状态。因为阅历上的不足，对待困难经常会踯躅不前，畏首畏尾。决心不到，就越做越难。如果没有“COMMITMENT”，成功的机会就为零！

机会不能脱离每个人的自身条件和环境来被评价。刘先生的模型，就把这两者：机会和可能用来执行这个机会的资源联系在一起。机会大，而没有能力，就心有余而力不足；而能力大，机会小，则是大材小用，还不如用于别的用途。只有两者结合，才能评价一个机会对于一个人值不值得尝试。

第七章

机遇与成功的关系在于：机遇是一块一块通向成功的垫脚石，了解该踏上哪块石头以及哪块石头是下一步要踏的，才能不断得到与越来越大的能量“共振”的机会。李晓华和黄光裕的经历是30年来大陆富豪对此最完美的诠释。

这里似乎是中国北方广袤的平原，春寒料峭，一望无际的平整的土地上还没有长出庄稼，空旷有如戈壁一般，毫无生机，只有一条笔直的公路和一条铁路，像十字架一样垂直交叉在大地上，路基都很高，截面为等腰梯形。徐灿双手被反剪绑住，和几个囚犯排成纵队被士兵押解着沿着那条公路茫然地向前走。不知道目的地是哪里。当穿过公路和铁路的交叉路口的时候，远处突然出现一列火车以难以置信的速度沿着铁路向这边驶过来，刹那间冲击到人群，徐灿连忙向后躲闪，火车穿过人群却没有伤及无辜，之后就消失在轨道上了，所有的囚犯由于这一冲，摆脱了所有的枷锁……

这个两维坐标给面对机会却不知道如何取舍的人一把结构化的钥匙，让他可以在理性分析之后做出取舍。可以帮助他回答一个问题：到底这个机会是黄金还是稻草。

又是一个奇怪的梦境。第二天，徐灿醒来的时候还在回味着这个梦，那两条十字交叉的公路和铁路，和一阵风一样开来的列车，竟然和昨天刘先生画的图如此吻合。也许是昨天的谈话给了徐灿一个震撼，徐灿觉得以前如同双手被铐起来的囚徒，被思维的定式束缚，突然新的观念冲击过来，反而释放了手脚。但从梦的气氛上说，似乎不那么轻松。回到现实中来，昨天刘先生给了徐灿震撼性的启示，启示终归是启示，究竟具体该怎样来应用，从而获得成功，徐灿觉得还是很模糊。他需要再见到刘先生，问问清楚。

与刘先生的谈话，使徐灿得到了很多启迪。徐灿领悟了这个简单的判断图形具有把复杂问题简单化的功能，给面对机会却不知道如何取舍的人一把结构化的钥匙，让他可以在理性分析之后做出取舍。如果这个人所占有的资源太有限以致无法抓住这个机会，或者这个机会本身不能带来比自己打一份工更好的收益，那么就应该果断放弃。成功的原动力来自与巨大的外力共振，如果没有外力可寻，那自然不会是一个好生意，所以要关心变化的趋势。还应该知道，最重要的是一个人的决心，能起到关键的作用。这几天刚好有一个新来的移民打算开办一个公司，向徐灿咨询。徐灿就在纸上画了这个图，然后写上这个人的每一项资源和劣势、环境的有利方面和不利方面。最后不需要徐灿说话，这个来咨询的人自己就得出了结论——这也验证了这个方法的有效性。

通过徐灿和 Leo 的几次讨论，他们觉得，对机会的审评，最重要的一个要素是客观的态度，这样才能得出符合实际的结论。如果有必要，可以请第三方来协助评判。

刘先生已经给出了横轴和纵轴，只要客观地评判这两个方面就可以得出结论。要看机会究竟有多大的含金量，首先要分析、调查和列出详细的预期值。通过分析，把大的框架理出来，找到问题的实质，然后客观地计算出在一个时间序列内的投入和产出，得出三种结论之一：高含金量、一般、完全没有潜力。

然后根据上述的分析调查，应该知道有什么样的资源与之配合，现有资源和需要的资源之间有什么差距，分析是不是可以弥补和替代，或者是不是一定必须，如果不是必须的，能否暂时不用。

上面的分析如果最终证实机会太小而且经过一段时间也很难变大，或者实行这个机会所需的资源太大无力提供，那么，就不应该开始——这似乎很明确。但是至于度量刘先生说的“决心”，两人都没有办法，看来需要留给创业者自己在实践中来回答了。

这天在刘先生家，徐灿对 Leo 不无感慨地说：“机会确实很多，但是看到好的机会却往往发现能掌握的资源和能力不够；而资源够的往往不比打工好很多。这个模型让我看清楚了机会对一个人的适合性，但是好像还没有解决怎样成功这个问题。”

“是啊，创业真的不容易。经得起推敲的机会少之又少。上次您把商机比喻成公共汽车，说如果没有赶上一趟巴士，不要觉得沮丧，可究竟我们能否等到会载着我们到目的地的直通车呢?”

他们提出的问题让刘先生很高兴，他点了点头说：“我在等你们提这个问题。其实，上次我给你们说的那个坐标系，在管理企业的教科书中都有类似的说法，我只是把它移植到个人创业上来而已，另外，我在此基础上增加了‘决心’这个变量，而这个变量是这个坐标系的灵魂，没有它，再好的机会和资源，也可能没有收获。我很高兴你们能进一步和我探讨这个模型。你们是对的，光靠这个模型，是不能到达成功彼岸的。有机会、有能力、有本钱、有决心，却不一定能成就大事业。”

刘先生没有看两个人错愕的目光，品了一口茶，继续说道：“你们还记不记得我以前告诉你们的，商机有的时候是陷阱。一个小小的机会往往会断送很多优秀人才的前程。我看到很多精明的小企业主，他们都有非常高的智商和丰富的经验，但是因为某种原因，选择开始做一个小生意，结果一辈子成为一个亲历亲为的修车店老板，或者成为冰淇淋店的老板。他们也许会更有作为——虽然他们现在也算成功，我是说他们可能更有作为——但是这已经不能成为可能了，因为他们已经陷入这些含金量不高不低的生意中不能自拔。我不知道你们是不是还记得我们更早的谈话，成功需要外在的力量，需要强大的共振?”

刘先生停下来用询问的眼光注视着两个年轻人，直到得到肯定的答复后才接着说道：“你必须要把你选定的事业汇合到一些更大的能量中，而不是平静的港湾，才有可能获取成功的推动力！你可以在你所及的范围内不断引起共振，从小的、弱的共振，到强力的震撼性的共振。最开始因为资源限制，不能和最强大的力量共振，但在登上几个台阶后，你就有可能登上成功的顶峰。成为强者必须坐在风口浪尖上。”

听到这里，两个年轻人流露出彻底迷惑的神情。

刘先生察觉到了，说道：“这样吧，我找到了两个人的故事，很有趣，你们先读一读。”刘先生拿出两份打印好的资料递给两个年轻人。

要把选定的事业汇合到一些更大的能量中，而不是平静的港湾，在所及的范围内不断引起共振，从小的、弱的共振，到强力的震撼性的共振。最开始因为资源限制，不能和最强大的力量共振，但在登上几个台阶后，你就有可能登上成功的顶峰。

李晓华 vs 黄光裕，30 年间两个最具代表性的中国富商

李晓华：20 世纪八九十年代的骄子

1951 年，生于北京

1979 年，开始经商

1985 年，赴日本留学

1986 年，创立自己的公司，在中国香港地区、日本等地经商

1990 年，返大陆投资，建立多处实业

2000 年，被美国《福布斯》杂志评选为中国前 50 位富豪第 11 位，拥有个人资产 2.5 亿美元

苦难和挫折是一种经历，但它更是一种财富，李晓华正是在苦难和挫折中积淀着自己的人生。

李晓华小时候学习成绩平平。“文革”开始后，他作为一名知识青年参加了黑龙江生产建设兵团，奔赴北大荒，在荒林沼泽地开荒种地。那时候，他只有 17 岁。1979 年，头脑灵活的李晓华在工作之余，开始偷偷地做起了生意，但出师不利，

只因贩卖16块电子表，就被判处了3年劳教，并被单位除名。

总之，在30岁之前的李晓华身上，看不到什么希望。但生存的本能，驱使李晓华寻找各种发展的机会。

20世纪80年代初，他第一次到广州进货，看到一台美国进口的冷饮机，想方设法买下。进入夏天后，他把冷饮机运到北戴河海滨，与当地人合作贩卖冷饮。来北戴河游玩的人在这个清爽冰凉的大玻璃罐前，排起了长队购买五角钱的饮料。这成了北戴河海滩浴场的一大景观。

那是一个难忘的夏天。已届而立之年的李晓华实实在在地尝到了成功的滋味。那个夏天他净赚了十几万元。这是李晓华的第一桶金。(第一阶段)

秋风乍起，他卖掉冷饮机，改弦更张了。长期处于“极左”禁锢中、看腻了样板戏的中国人，渴望着多姿多彩的文化娱乐。这正是一个极好的机会。李晓华利用手上这笔“原始积累”购买了大屏幕投影机，在秦皇岛开了录像放映厅。据说当年河北省仅此一家，改革开放之初的人们禁不住港台武打片、言情片的诱惑，如同当年在北戴河一样，排队买录像门票成了当地的一大景观。1984年，当中国大陆上众多的人正争当“万元户”时，李晓华已经是一位身家百万元的“大款”了。(第二阶段)

34岁的李晓华东渡扶桑留学，发现了中国产的“101”毛发再生精在日本的商机。他开着一辆当时在京城尚不多见的奔驰车敲开了“101”厂的大门，李晓华，成为奇货可居的“101”毛发再生精在日本的经销代理商。

李晓华回到日本后，对市场进行了精心策划。在他的策划下，通过直销，避开了日本烦琐的零售网络，“101”成了日本红极一时的产品。这不仅给李晓华带来丰厚的收益，而且也

成了他事业的重大转折点。李晓华成为千万富翁。（第三阶段）

1989，香港的地价猛跌。一直关注着国家形势的李晓华却看准了这个时机，力排众议，果断投入大量资金，大批收购低于平时售价的楼宇。不到半年，香港房地产价格骤然上升。

李晓华见时机成熟，全部抛出。这场漂亮的“房地产之战”成了他商战中的经典之作，使他跻身于亿万富翁的行列。（港币计亿万富翁，第四阶段）

香港房地产战役后，李晓华拿出自己积累的全部资金，又以房地产做抵押从银行贷款，以三千万美元买下了东南亚某国一块可能发现油田的土地。之后这块地的价格成倍上涨。

李晓华赢了，他对风险的巨大承受力，使他又一次成了商场上的大赢家。这是他商旅中最险的一笔。（美元计亿万富翁，第五阶段）

黄光裕：新时代的宠儿

1969 年，生于汕头

1987 年，创立国美

1997 年，担任鹏润投资公司总裁

2002 年，开始进入资本运作时期

2003 年，《福布斯》中国内地富豪榜第 27 名

2004 年，《福布斯》中国内地富豪榜首富

2007 年，黄氏兄弟总资产预计达到 700 亿人民币

黄光裕出生的那一年，李晓华插队到了黑龙江接受“贫

下中农再教育”，黄光裕开始创业的时候，李晓华已经是商界风云人物。李晓华碰上了中国最大变革的年代，胆略与机遇共振，几次完美地转身，财富呈现几何级的增长；黄光裕远没有李晓华那样曲折的经历，但是通过资本运作，收获着中国改革开放30年来创造的繁荣，财富呈现超几何级的增长，成为新首富，更加耀眼。

据说黄氏两兄弟是凭借4 000元人民币起家的。1987年，黄氏两兄弟转战北京，在北京珠市口盘下一个100平方米左右的门面。初时卖服装，感觉赚不到钱后改卖进口电器，当时的名称就是“国美”。当然有传言称这些进口电器中有很多是走私品，然历史已无从考证。

国美电器在20世纪90年代中后期经历了裂变式的增长壮大，1993年进入天津市场，从此开始了在全国范围内的发展，店铺开始遍及各大城市，成为中国最大的家电连锁销售商。此时，支持国美不断壮大的力量是国美独特的渠道建设模式，国美充分利用供应商赊销、代销做周转，也就是完全利用了供应商的资金扩大自己的规模。国美的扩展借力于中国电器产品工业的大发展，随着规模的扩大，国美话语权不断增加，国美对资金的需求也随着规模的扩大而越来越大，拖欠供应商的货款越来越多，时间越来越长，还曾经出现几次矛盾的激化。但这种非金融融资模式，确实非常独特。同时，黄光裕也进入了房地产业。

到这个时候为止，黄光裕的财富积累，以几何速度增加着，黄光裕成功地和中国电器行业的大发展形成共振。开电器连锁店和开发房地产都以同样的模式进行[①]。但财富真正的呈超几何速度激增还是后面的资本运作，也就是第二阶段和资本市场共振。

① 黄光裕称，要以卖家电的方法卖房地产。

2002年，黄光裕以5 800万港元控股了一家香港上市公司，从此敲开了资本运作的大门。他让市值只有2亿元的上市公司，通过发行可换股票据，掏出88亿，来收购他全资拥有的国美电器65%的股权。与2003年的18亿元资产相比，2004年黄光裕的财富一下子增加了87亿元。可以说，黄光裕财富的剧增，很大程度要归功于股市。2004年6月，通过对自己旗下的香港上市公司中国鹏润进行资产重组，黄光裕终于把他的国美电器送进了香港联交所，国美历时3年的上市路算是画上了句号。3个月后，国美电器首次宣布在香港公开配售股份，募集约12亿港元。在这场“左手倒右手”的收购游戏中，黄光裕的身价也一飞冲天，在2004年的“胡润百富榜”中，黄光裕即以105亿元的身家成为中国内地首富；2005年黄光裕再以140亿元蝉联首富。也正是从那时开始，黄光裕开始成为家喻户晓的财富明星。

不过，比起李晓华，黄光裕还有一些有争议的地方，一路走来，可以听到作为零售商的国美（以及和国美类似的企业）与供应商的矛盾；从股市得来的快钱也需要时间来夯实，对黄创富的评价，需要人们日后来评判，现在还有争议。总之，2002年是黄光裕的一次转折，之前的黄光裕是一个企业家，不断寻找好的地点开店或者开发房地产；之后黄光裕的操作则明显可以看出他已经成为资本运营家，通过资本市场不断增加自己的资本，并大量套现。资本经营和资产经营对企业家出身的黄光裕来说，还是需要有个平衡。如果单纯的资本运营，势必会导致企业经营的短期行为，比如，不顾经营条件，快速扩大规模，以求在资本市场更快圈钱，这将为今后的企业发展埋下隐患，毕竟资本运作是在资产的基础上完成的。近来国美融资后规模迅速扩大，但利润并没有相应增加，以及很多店生意冷清，这些是否是纯粹为资本运作而运作的结果，需要时间来考证。

（部分内容取材于金城出版社出版的《2000年中国福布斯50富豪》以及网上的文章。）

两个人津津有味地阅读这篇文章，他们被李晓华和黄光裕的创业模式的比较所吸引，基本上有了自己的理解。

李晓华在开始创业的时候没有什么资产，基本上是白手起家，但每次都能充分利用自己拥有的所有资源。更为可贵的是，他敢于一次次急流勇退，可能当年在北戴河开始跟他卖冷饮的人还在继续卖着冷饮，在秦皇岛学他经营录像厅的还在经营着录像厅。同样一个机会，对这些人来说是个终点，一生再难突破，就像之前说的商机可能是陷阱一样，而对李晓华来说，则不过是个向上跳跃的垫脚石。

李晓华特别幸运！每次都能找到最佳位置进入，并在最高点退出。他生命中的贵人曾起到至关重要的作用，得到他们的指点，使得他能不断地一步一步向顶点攀登。李晓华的创业历程是最好的教材。这个例子告诉我们两件事情：第一，在寻找真正的机会的时候，要追踪哪里有强大能量让你来驾驭并与之共振，而不能把着眼点局限在赚钱上，这是大成功和小成功的区别所在；第二，资源有的时候确实制约着你实现自己的想法，但是并不是决定性的，资源可以一步一步地积累，等待着下一次的爆发。

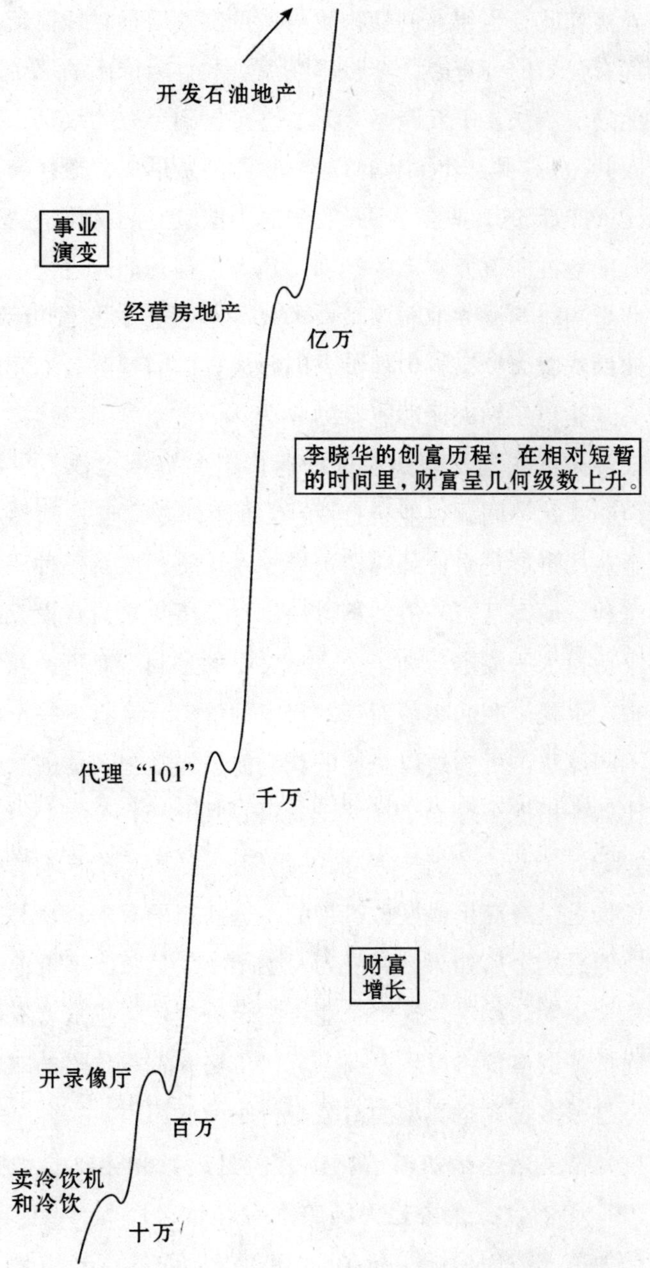
开发石油地产
事业
演变
经营房地产
亿万
李晓华的创富历程：在相对短暂的时间里，财富呈几何级数上升。
代理“101”
千万
财富
增长
开录像厅
百万
卖冷饮机
和冷饮
十万

确实如此，当年人们的物质消费极度匮乏，对任何新奇的事情都有强烈的好奇心，李晓华在炎热的夏天推出的那台冷饮机使他的资产从几千元跨越万元，直接达到十万元级别，这是第一次共振——与当时中国匮乏的物质消费形成共振。有了十多万元资产后，开录像厅则是和当时中国匮乏的文化消费形成共振，把他推向百万富豪的行列。这个过程是如此之快，只能用与社会潮流共振来解释了。李晓华出身普通，想成就大业，可利用的资源太少了，但他没有因此放弃，而是踩着不同的五彩石头，获得了别人无法想象的成功。

谈黄光裕，就要谈到从资产运作走向资本运作，一字之差，内涵截然不同，企业价值/价格的计算方式也是截然不同的。企业的资产是企业的固定资产、流动资产以及各种无形资产的总和。而无形资产的计算方法可以是历年来为建设无形资产而进行投入的成本总和。企业家关心的是利润对资产而言的回报率，也就是利润率。而资本市场的价值计算有着完全颠覆性的不同算法，更多地以企业的获利能力加上公司的前景来定价。比如，根据一个企业的营业额和利润来计算企业的价值（市盈率），并综合考虑对将来的预期。一家店，场地是租赁的、货物是供应商出钱摆放寄售的，这家店的有形资产是比较低的。但是这个店如果从营业额/利润的角度来计算价值，则数字完全不同。如果，这个企业再配合一个使得投资者充满幻想的远景，资本价格可以更高。资产价格和资本价格的双轨制定价，是很多黄光裕类型的富豪身价剧增的原因。

黄光裕虽然还是执掌着国美，但是此黄光裕不是彼黄光裕。2002 年前，黄光裕是为国美大量赚钱；而 2002 年以后，国美是为黄光裕创造超级价值。2002 年以前的黄光裕是企业家；而 2002 年后的黄光裕更像是金融家。

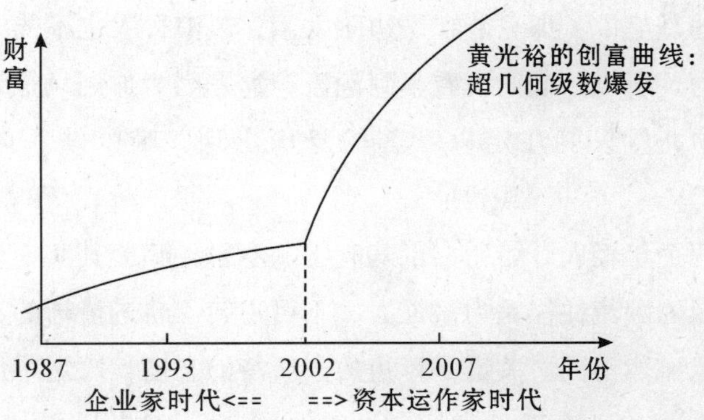

经过改革开放30年的发展，中国形成了一个巨大的市场，同时一批本土企业也随着中国的高速发展而加速发展壮大，许多企业从经营水平和规模上达到了进入资本市场的资格。黄光裕就是抓住了这个历史机遇，与资本市场共振，把在中国的经营转化为可以出手的资本，这种爆发能量源远远大于李晓华当年所能看到的任何机会。

看完这两份资料，徐灿感叹道："可是对这些社会大潮流，人们往往是后知后觉的，我们怎么判断哪些会是潮流而哪些只是个波浪呢？而且当一个新的潮流刚刚出现、大家还没有概念的时候，我们也不知道怎样把握啊？"

刘先生微微一笑："不能投入到一个领域中，自然没法深层了解这个领域的发展，预见也就无从谈起。身处其中，只要不是视而不见，愚者千虑尚有一得，何况你们呢？无论是一个潮流还是一个波浪，只要能为我所用，都有价值，没有外力相助是费力的，当然更不能逆着潮流，那等于自杀。如果你脚下是一块冲浪板，一卷大浪是最好的助力；如果你驾驶帆船远洋，你与季风方向一致最佳。到海边去，首先要知道自己准备了什么——是一块大毛巾，还是冲浪板，还是一艘帆船，才能知道你需要什么，才能发现那些可能给你共振的力量。如果你准备的是毛巾，那只能在岸边晒太阳，风浪再大也不能给你任何推力。所以，你们说看不到潮流，那是因为你们只是带着一条毛巾，就只能注定以看客的身份出现。难以站在风口浪尖上。”

两个年轻人开始明白了刘先生的意思，潮流其实不难看出来，因为潮流往往是力量强大、不可逆转、轨迹清晰的，这和一阵风显然不同。关键是岸边的人所持的态度，决定了他是想驾驭季风、潮流还是和海浪、海风嬉戏。刘先生继续说道：“我给你们看李晓华的故事，就是希望能给你们一个借鉴，这是一个白手起家的成功典范。你们也许都注意到了，李晓华资产的每次跳跃，都伴随着行业的转换，都建立在利用刚刚拥有的更大的资源基础上，每次离开一个行业都是因为他已经发掘了所有的潜力再无更大的空间了。而黄光裕则不同，看似一条路走下去，但其内涵早已发生质的变化了。”

刘先生抬起头看着徐灿说：“你现在的学识视野甚至财富都比当年的李晓华和黄光裕强多了，你需要的是和当年的李晓华一样，找到属于你自己的共振。”

两个年轻人略有体会地点头。Leo 突然问徐灿：“刚才你说看到好的机会却往往发现能掌握的资源和能力不够，你是有了什么新主意了吗?”

徐灿嘿嘿地笑了，回答道：“这几年石油价格越来越高，能源短缺成为长期要面临的形势，另外大量使用石油燃料造成的污染和温室效应引起了很大的关注。我发现在中国很多地方的汽油都添加了 10% 的酒精作为复合成分，这引起了我的注意。如果能经得住实践考验，那么技术上应该是成熟的，于是我就在网上查看资料，发现很多国家已经把酒精作为正常燃料和汽油混合作为汽车燃料使用了。酒精用木薯、甘蔗等高产作物制造，新西兰气候土壤适合农业生产，如果建立这样的工业，肯定能有巨大的发展，不仅可以满足本国需要，还可以出口国外，而且我刚刚看到政府资料，要在2010年实现生物燃油添加量达到2.5%，潮流可以看得很清楚了，但我显然还没有一艘大船来驾驭这阵季风。不过我已经明白了，这个机会不是给我准备的，我要寻找属于我自己的共振！”

徐灿笔记

原来从白手到巨富并不总有“直通车”，总是要有几次飞跃才行。创业者要在不同阶段为自己找寻到合适的垫脚石，每次在自身实力增强后，适时寻找到和自身资源相衬的外部能量来共振。李晓华和黄光裕兄弟的案例无疑是这个理论的最好诠释。

曾经有很多人和李晓华站在同一条起跑线上。但他们中也许很多人到现在还在从事原来的行业。比如，还在北戴河卖冷饮。对他们来说，这条起跑线也是终点线，只有李晓华在一个起跑线上起跑后立即向下一个起跑线迈进。

当年也一定有很多福建人北上，和黄光裕兄弟两人一样怀着梦想摸索着去做生意，但依然默默无闻。而黄光裕则能从卖电器的国美一路杀出来，后又变成资本市场上呼风唤雨的大亨，这种成绩的取得，如果没有中国30年来改革开放的协助是无法想象的。

机会并非完全被少数人所垄断，成功也不是一定和普通人无缘。

第八章 美丽的华人商圈

虽然身处他乡，华人总有办法顽强地生存下去，顽强地保留着自己的特色，也顽强地保留着经营的缺陷。海外华人商圈的繁荣源自华人天生的创业精神；而破解现代经营密码，则是华人商圈进一步向前发展的必由之路。

在海外可以看到这样一种情景：比如一个餐馆雇佣两个厨师，其中一个是华人，很有可能若干年之后再看，中国厨师凭借学到的技术和积累的收入，拥有了一家自己的餐馆，他的那个工友可能还在某家餐厅继续做着厨师的工作。2006 年度美国“50 杰出亚裔企业家”中 26 名是华裔。华商越来越成为不可小觑的力量，他们善于把可能的资源和潜在的机会联系在一起。

搜狐 CEO 张朝阳曾说过：

华人具有与生俱来的企业家特质。华人，无论来自大陆、台湾、港澳、新加坡还是其他任何地方，拥有共同的文化传统。华人所到之处，无论是传统的移民国家，还是新兴的市场，都创造了令人羡慕甚至嫉妒的奇迹。

中国人“可以说创业精神在世界上是独一无二、首屈一指的，企业家精神包含两个因素，一是强烈的取胜愿望，这是他们的一个非常强烈的动力；二是要独辟蹊径，这是他们思想上的独创性。有了这两个文化的特质，中国人就有了非常强的实力，这也是保证他们成功的重要因素”。

华人具有与生俱来的企业家特质。华人，无论来自中国大陆、台湾、港澳以及新加坡还是其他任何地方，拥有共同的文化传统。华人所到之处，无论是传统的移民国家，还是新兴的市场，都创造了令人羡慕甚至嫉妒的奇迹。东南亚国家分布着大约 5 000 万的华人，是绝对的少数民族，在马来西亚占人口总数的 35%，在菲律宾占 5%，泰国占 10% 以及在印度尼西亚仅占 3%，然而他们控制着的私人投资却在马来西亚占 65%，在菲律宾占 40%，在泰国占 80% 和在印度尼西亚占 80%。根据 2007 年福布斯富豪排行榜显示，菲律宾的前五名富豪中华人就有三位，这是比较有代表性的例子。放眼发达的欧美，华人也创造了无数成功的企业。正是由于华人在经济、科技等方面的优异表现，以及大中华地区的快速发展，汉语已经成为美国最为流行的外语之一。还有众多难以统计的中国商人活跃于拉丁美洲、非洲、中东等第三世界国家。

中国的文化博大精深，在人类文明的长河中，除了几次被打断之外，长期以来都是世界文化的绝对中心，对东亚（包括韩国、日本和一些南亚、东南亚国家）文化有极其深远的影响。泰斗级学者霍夫斯泰德（Geert Hofstede）总结，以中国文化为起源的东亚文化与其他文化显著不同的是：这些国家的人们普遍具有更长远的眼光，愿意为实现一个目标做出长期的奋斗和牺牲，比如喜欢储蓄、乐于投资教育和崇尚卧薪尝胆等。霍夫斯泰德还发现了文化与经济发展的关系并进行了验证：在过去的30年中，经济发展最迅速的国家和地区前几名都是在东亚文化圈，包括日本、韩国、新加坡、中国大陆以及中国台湾、香港和一些东南亚国家等。华人，尽管喜欢沉默，但从来都不是安分的群体。

中国的文化博大精深，在人类文明的长河中，除了几次被打断之外，长期以来都是世界文化的绝对中心，对东亚（包含韩国、日本和一些南亚、东南亚国家）文化有极其深远的影响。

新西兰环境优美，社会稳定，文化多元，制度健全，吸引了世界各地的人们来到这里定居。华人移民是这些新移民群体中最吃苦耐劳、最具有创业精神，同时也是最引人注目的群体。这个结论是非常显而易见的。新西兰有无数个移民群体，和那些数量上具有可比性的其他国家、地区来的移民群体相对比，华人社区的繁荣是其他群体根本无法相比的。走在奥克兰主要的商业街道上，路的两旁汉字招牌林立；贸易、地产、金融、旅游、餐饮、零售、娱乐、教育、新闻出版、中介等各种产业，无数华人公司分散在国家的各个角落；还有很多职业律师、会计师、学者服务于华人社区和新西兰社会；政坛上，也有华人正在国会担当着议员的要职。这些都是大家有目共睹的事实。

华人移民是这些新移民群体中，最吃苦耐劳、最具有创业精神，同时也最引人注目的群体。

但是让徐灿非常困惑的是，在新西兰虽然华人创造了繁荣的商业社区，但大部分的华人都还是在每个行业的价值链的底层经营。比如，外卖店（Takeaway）（只设外卖的简易餐馆）几乎被华人所独占，但是中高档餐馆华人则很少涉足；平价的两元店几乎被中国人所垄断，不要说经营高档用品了，就是华人经营中档用品的商店也不多。随着进一步的了解，徐灿发现虽然有一小部分华人企业获得了坚实的立足基础，但华人企业整体上似乎生存得很辛苦，表现在生命周期短、获利能力不强、员工满意度低等，这些都是值得思考的地方。

一段时间以来，徐灿和 Leo 在刘先生这里学了很多东西，开阔了视野。刘先生让徐灿和 Leo 一道去了解一下现实的华人商圈，看看他们是怎么经营的，尤其要找到不足的地方，至于为什么，刘先生没有点破。

此前两个人已经对华人商圈有了留意。这次刘先生特地要徐灿做些调查，而且要求把华人的经营特点用他们在新西兰学到的理论知识进行检验。接下来的一个多月，两个人做了大量的工作，按照华人报纸和黄页，以及朋友的介绍，调查了不同的公司、企业、餐馆、语言学校等，一个大致的轮廓渐渐出现，他们获得了第一手的资料。

第一个共识

随着调查的深入，两人的情绪开始凝重起来，在华人社区的一片繁荣下面，有很多问题非常值得重视。第一个共识是华人社区特有的价格战。比如旅行业，旅行社的主要业务是代理机票等旅游产品和接待旅行团，在新西兰的中国旅行社大概有几十家，在狭小的市场内，竞争惨烈。以国际机票来说，卖国际机票有9%左右的佣金，也就是1 000多纽币的机票，旅行社可以有100多元的毛利润。这个费用一定要包含人工和办公费用等，如此一算并不多。但是为了抢客户，有的旅行社把自己应该拿的佣金让出一部分，其他旅行社不得不跟进，乃至打出更低的价格，如此三番两次，销售每张去中国的机票所能获得的佣金被降低到20～30元，在这么低的收入下还要负担办公费用、广告费用和人工，困难程度可以想象，当然应该有的服务也被最大限度地减少。从逻辑上说，几十元的折扣对消费者的一次国际旅行来说不算什么，但这几十元恰好是一个旅行社是否能够健康经营的关键，也是旅行社能否提供正常质量服务的保障。市场这块蛋糕不会因为折扣而做大，却会因为价格战使得蛋糕因缺少奶油难以散发诱人的气息。来新西兰的旅行团也有类似的遭遇，最近有来新西兰的中国游客投诉华人旅行社组织的旅游被购物活动安排满了，除此之外就是到公园喂鸭子，行程中大部分时间是在酒店和车中度过的，有些酒店房间甚至没有窗户，根本没有展示新西兰的亮点。餐饮行业也有类似的问题。价格战使得大部分华人餐厅的价格远低于同行业其他族群和主流社会的一般水平，利润自然微薄，员工福利和工作条件无法保障，服务质量和硬件条件只好因陋就简，因而令其他族群顾客少有光顾，形成了恶性循环。市场并没有因为低价格而变大，生存空间反而却被大大压缩，得不到消费者的好评，真的变成“费力不讨好”的情况，整个行业因此变得不具有应该有的投资魅力。饱受价格战折磨的商家似乎并没有认清这个道理，徐灿认识一个旅行社的老板，在一次谈话中，她透露她的旅行社因为价格战已经放弃进一步开拓中国旅客市场的打算，同时，她发现印度人的市场竞争不激烈，因此她打算通过降价的形式来进入印度族群市场。徐灿和Leo听到后不禁苦笑，心想，难道华人市场的价格战把大家折腾得还不够，还要把印度裔的市场也弄乱，等大家都没有饭吃之后才善罢甘休吗？[①]

价格战让徐灿和 Leo 不由自主地想到中国大陆的商业环境，竟然如此类似。比如家电行业。中国已经是最大的电视机生产国，在价格上有着绝对的优势，连韩国、土耳其以价格低廉著称的厂家都不能与之抗衡。但就是在这个具有完全竞争优势的市场里，所有生产传统电视机的都在亏损，而且生产得越多，亏损越多；亏损越多，就只好更多生产。这种情况正是由相互间的价格战导致的。作为一个整体，中国的家电产品价格如果提高到一个合适的水平，也完全具有竞争力，而且大大减少被反倾销调查的可能。企业竞相降价的结果是全面压缩了自己的生存空间，而对消费者来说，也未必是一件好事，在价格战下，客户肯定得不到最好质量的产品。

① 一年之后见到这个旅行社的老板，她说他们在印度族群市场的利润率已经下跌到和中国旅客市场差不多的程度，现在考虑不再经营旅行社，改行做些别的生意来维持经营——看来市场被搅乱这件事情被不幸言中了。

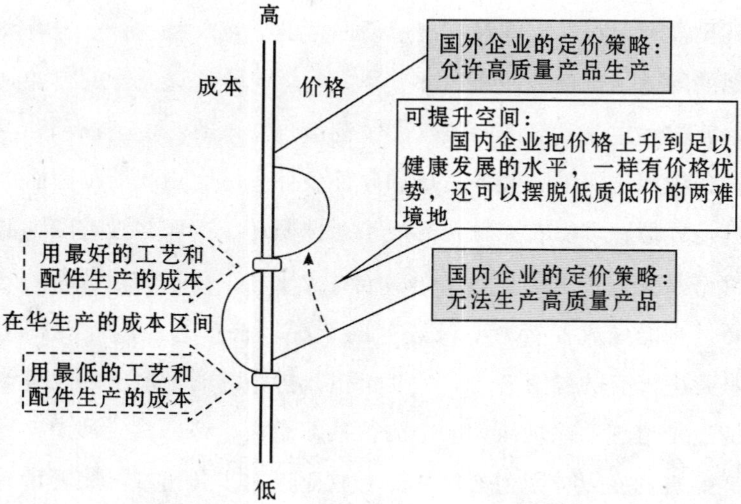

第二个共识

第二个共识是两人发现华人企业与主流市场之间有着难以逾越的文化壁垒，就像可乐里的气泡一样，身处在主流市场中却把自己隔离起来。大部分奥克兰的华人餐馆、旅行社、移民中介、语言学校、超市、金融换汇公司等都把华人作为他们最主要的目标客户群，尽管分布在奥克兰的华人只有10万左右。

不了解你的客户，就无法提供他们所需要的产品和服务，所以价格再便宜也没有用。

“不了解客户”和“不了解新西兰的经营理念和方法”是最根本的原因，所以商家只好全身心地服务于华人市场，市场有限，竞争会过度。这些本地文化背景知识的匮乏表现得很明显，拿很多华人餐馆来说，一排悬挂在餐馆橱窗里的完整的鸡鸭烧腊，尽管能引起华人的食欲，但对普通西方人来说无法接受甚至是可怕的，他们不会进门；过于寒酸的形象、不重视细节、不尽完美的卫生条件以及极度缺乏培训的员工，没法赢得高档次客户的光顾。其他行业也是一样，不了解你的客户，就无法提供他们所需要的产品和服务，所以价格再便宜也没有用。身处海外的华人对海外市场的了解尚且如此，在中国国内的出口商可能更难以和他们的市场建立双向的认识了。很多商家总是以为吸引客户的办法只有一个——价格。降价是应对竞争的唯一方法，其实你的客户可能真心希望你提高价格以保证质量，或者期望你能满足他们某些特别的要求。每当看到这种情况，徐灿和Leo对此只能面面相觑。

第三个共识

第三个共识是华人的经营方式、方法还比较初级。有一家大型的连锁超市，主要经营廉价服装、日用品。他们从一家小零售商起家，现在奥克兰低收入的地区，已经开了几十家分店。应该说，产品定位和选址恰到好处。但走进店里，从满地的积压品就可以看出来，这个商场的库存管理比较落后，积压的同时，损耗也很高。很担心这家企业的利润会不会被这些积压的存货吃掉。进一步了解得知，这个公司的经营基本上还停在起步时候的水平，采用手工记账式的库存管理，规模一大，根本不知道自己有什么、卖了什么、缺什么。进货方式上，关注成本多过关注市场，总是试图进口在中国的积压品，力图价格便宜，但结果到这边也是积压。基本上没有什么促销活动和广告宣传，公司形象一塌糊涂。

类似的新西兰的本地企业到了这个规模，都会完善信息化管理，优化进、销、存环节，降低损耗，对市场规律（季节、节日等）掌握得力。这些都是知识管理（KM）的一部分，市场大了，知识很难仅仅依靠老板的脑子就能掌握，需要好的系统来综合利用，这是企业竞争力的来源，是大型零售企业不可或缺的。形象地说，这不是一个取胜的竞争武器，而是一个不被别人打败的基本防御装备。例如，新西兰有个两元店连锁公司，经营单价为两个纽币左右的小商品，全国有 40 多家店面，但公司只有 8 个员工，负责全国的企业形象、广告促销、物流配送、采购管理。他们能做到这些，依靠的是良好的知识管理、完善信息化工具和大量外包来降低成本。走进任何一家店面，都很整洁、装修得体，没有古里古怪的积压产品堆放在货架下，每到特定的节日，都能看到他们的促销活动，这些经营方法值得借鉴。

徐灿和 Leo 还收集到一些新移民创业失败的故事，因为失败了，渐渐从人们的眼前和记忆中消失。但是这些勇气值得尊敬，同时这些教训也应该吸取。

晨光电信的浮沉

新西兰市场上的电信运营商以占据垄断地位的新西兰电信（Telecom）为主，还有来自澳洲的 Telstra Clear 和跨国公司，手机业务有跨国公司沃达丰（Vodafone）。新西兰电信公司拥有百年历史，占新西兰电信市场 80% 的份额。晨光电信计划全面代理新西兰电信产品，开拓亚裔市场，提供汉语、韩语等服务，起点目标是分包新西兰电信公司的华语服务中心，最终在新西兰资本市场上市。

晨光电信的两位创办者林先生（擅长客户服务）和华先生（专于电信技术）。林先生是新西兰本地华人，在新西兰电信的商业销售服务中心工作了十多年，多次荣获新西兰电信公司的嘉奖，其中包括“最杰出员工奖”、“突出销售成就奖”、“顶级销售员”等，华先生曾在中国电信工作了 8 年，是中国最发达的某市电信局高速光纤网络的主要设计者，曾先后荣获该市“青年功勋章”、“区十大杰出青年”、“市电信局十大杰出青年”以及某省“电信杰出员工奖”。移民新西兰后，他在新西兰电信从事客户电信解决方案的设计工作，有丰富的电信工作经验。

2003 年下半年，公司开始营业，在声势上引起了人们很大的关注，新西兰主流媒体“New Zealand Herald”曾登出有大幅照片的专访，公司投入了大量的广告在华人的主要媒体和一部分韩语媒体上。但事与愿违，隆重的开业典礼之后，业务量始终没有提升到维持平衡的水平，而新西兰电信最初所开出的扶持条件也都没有兑现。公司不得不试图开展相关业务以图突围，先后尝试网络游戏、门户网站和软件等，但在只有几万人的华人市场上，还要面对本地竞争对手的分流，难以取得突破，于2004年底合并于新西兰电信其他代理商公司中，从此在人们的视线内消失。

拥有专业技术、满腔热情加上亚洲的文化背景，还是没有让晨光电信走上星光大道，失败的原因在哪里呢？晨光电信的创立者认为，最主要的原因是“选错题”。题目选错，答案再精彩也是错的。如果用比较直接的语言来说，市场太小，即使努力百倍，也难以收获丰富。当然，这个公司的失败还有成本控制上的原因：豪华装修的办公楼和大量设备，以及无节制的广告投入都使得成本过大。

市场太小，即使努力百倍，也难以收获丰富。

用刘先生给出的坐标系来衡量这个生意，我们可以看出，公司的人员经验丰富、资金实力比较雄厚，但市场的容量太小，显然是在第四象限，而且没有跳入第一象限的可能。如此这般，失败在所难免。

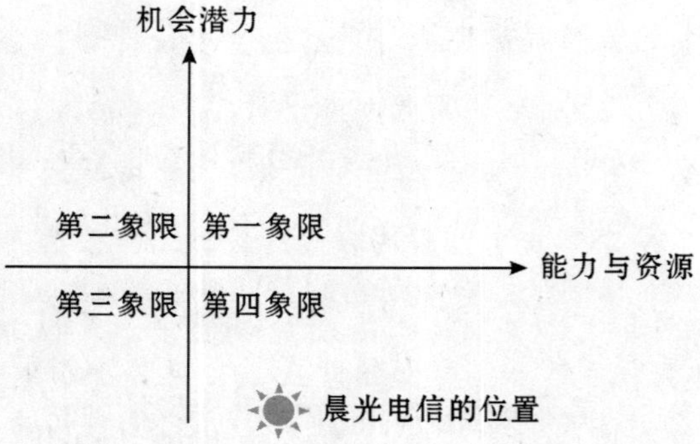

虽然晨光电信消失了，但是它为华人社区作出的贡献还有很多保留着，比如依托新西兰电信推出的基于3G移动技术的外汇买卖系统，为许多华人公司提供的电信解决方案，甚至很多华人的幸运电话号码都是来自晨光电信。

上面的例子对新移民和留学生创业的失败具有一定的普遍性，让徐灿联想起自己第一次失败的经历。直接套用国内的经验，不能深入了解本地市场的需要，不能掌握新西兰的经营管理方法，最终难免要陷入泥泞的沼泽。

新西兰是个相对封闭的经济体，因为经营环境迥异，所以这里的经营方式和华人企业习惯大兵团运作的方式差别很大，其实，不仅仅是新西兰，每个国家都有特定的特点，经营方法都或多或少有所不同，而外来的移民，如果不能洞察这些区别，而坚持自己的经验，无论这些过去的经验曾经多么成功，可能也要给后续的经营带来麻烦，况且，如果方向选错，后面的工作自然更加困难，没准还会越陷越深。

两个人也发现了一些经营状况良好的公司，一种是主动融入社会的主流，既能像新西兰人一样思维，又保持了华人的机智和勤劳，所以在他们所处的行业里树立了典范，比如在房地产行业、食品行业等，企业规模比较大。还有一类经营状态良好的中、小型企业则选择了不同的战略——占领亚洲人的小众市场（niche market），向新西兰主流商家难以进入的亚洲市场提供独特的商品和服务，有一些已经初具规模，比如某些连锁的亚洲超市，或能够提供专业技能的移民中介、法律服务等。这些经营稳健的企业对华人在新西兰商界立足起到了非常重要的作用。

几天之后，两个人又和刘先生见了面，他俩简要地向刘先生汇报了这次调查的过程和结论：新西兰的华人商圈虽然发展很快，可问题也不少，比如很多企业获利能力不高或者不稳定、信誉不佳等，主要原因是价格竞争和无形的文化壁垒制约了发展。成功的华人企业有两种，一种是在小众市场内取得主导力量；另一种是突破了经营壁垒，能够整合更多资源。

此前，刘先生要两人特别关注华人商家经营不足的地方，结合以前刘先生给他们讲述的成功十字架坐标分析体系，徐灿说："如果一个华人商家不了解他的客户、没有现代的经营思维，就把自己限制在了要么资源横轴的左端；要么机会轴的下端，就自然失去了与外部能量共振的可能。"

"对，" Leo补充道，"通过血拼价格抢占市场，自己就把利润削弱，甚至会拉低行业利润水平，造成全行业亏损，使得行业可以挖掘的潜力越来越小，最后把自己，也把别人拉到机会纵轴的下端。"

刘先生满意地点点头，总结道："这些企业缺少的是竞争力。教科书上对竞争力有很多定义。但对企业来说，有竞争力的表现应该理解为在做同一类产品上，你可以比别人更持续高效率地赚钱——我把它称为竞争力溢价。竞争力有短期的、中期的，甚至长期的；但是遗憾的是没有永远的竞争力，基业常青是不可能存在的。"

Leo没有理解刘先生的话，问道："做同样一种产品，难道不应该赚同样的钱吗?"

刘先生说道："应该这样，但现实并非如此。你们学过物理学，知道在完全没有摩擦力的情况下，运动物体应该永远保持匀速直线运动吧？但是完全没有摩擦力是理论里的情况，真实世界中完全没有摩擦的状况是不存在的。在完美市场条件下的买卖，信息完全公开对称、交易成本为零，这样生产商之间的条件是完全相同的，那样，他们能够赚一样的利润，但是这种公平的状况也是现实中不存在的。"

刘先生接着说道："非但如此，现代商战游戏规则制造者为了使得自己长期拥有竞争力刻意制定了许多规则。这些规则经过无数政客和学者的支持，并经过发达国家的政府和大型跨国公司的大力输出，不但在全世界范围内都合理合法，而且还成为检验尺度，凡是与之背离的都成为被唾弃的对象。我们改变不了社会环境，所以我们能做的就是学会使用这些方法来拥有竞争力。”看着两个年轻人更加迷惑的神情，刘先生提议：“这样吧，我们到后面走走如何？”

徐灿笔记——山羊毛悖论

有人说，如果鹦鹉学会说“供”、“求”两个字，它就可以成为经济学家。现代经济学的一个基础就是供求关系平衡机制。经济学家认为如果价格高，会有更多的供应，而价格低，竞争对手会不断退出市场，造成供应减少。但这个假设并不总是正确。有一个调查说，20世纪80年代内蒙古引进了山羊，最开始山羊毛的价格很高，农牧民开始不断增加存栏量。随之，山羊数量上升，羊毛的价格下降了很多。牧民为了保持生活水平，在价格下降的情况下，为保持生计，不得不增加养殖数量，来尽力保持同样的利润。山羊数量越多，山羊毛的价格越来越低，形成恶性循环。

山羊毛故事最后结局惨痛。因为过度放牧，山羊破坏植被，环境恶化很严重，从前风吹草低见牛羊的美景变成沙漠或半沙漠。除了最初“教”中国人养殖山羊的外商之外，没有人取得真正的利益。

发达国家企业对待恶性价格战的一般做法是，一方面减少利润率降低产品的产出；另一方面不断开发新的产品，用新概念、新技术带来的高利润率提升企业的活力和获利。一种产品出现恶性价格战，会客观地促进新产品的研发，即新产品必将终结旧产品。

沉迷于旧产品恶战的企业，必然会丧失明天的竞争能力。所以，我们把价格战叫做低层次的竞争。

这个例子或许可以部分地解释中国特色价格战产生的原因。但遗憾的是还经常看到华人商圈在循环重复着类似“山羊毛悖论”的价格战。在世界市场上出现了：中国买的东西就贵（如石油、矿石、金属等），中国卖的东西就便宜（如服装、电器）的不利现象。华人商圈既有繁荣的一面，也有封闭的一面，如何提升竞争力，是关系到下一个百年华人能否在世界商界成为主导的关键。

第九章 从起点造就竞争力

现代企业竞争方式归根到底就是三种：创新、模仿别人成功的创新、防止被别人模仿自己的创新。

创业者第一步怎样走至关重要，一个企业的竞争力远远不止于产品和服务本身，持久竞争力要从起步前开始打造。好产品和不断投入研发只是基础，绝对不能忽视竞争的谋略——保护自己，学习别人。

新西兰被列为世界远足爱好者的首选，因为这里美丽的自然风光、温暖湿润的气候、独特的植被和高度安全性（没有野兽和蛇，超低犯罪率），每年都吸引了世界各地的大量旅行者前来踏寻美丽而未经打扰的风光。这样一次丛林远足，短的需要几十分钟，长的需要几个星期，要自己准备食物和饮水，晚上在外面露营，融入自然。一条纵穿新西兰南北岛狭长的小路正在建设中，建成后，可能会成为世界上最长的远足路径之一。刘先生很喜欢长距离步行，在地广人稀的新西兰有很多丛林和牧场，人为开辟并标识出一些小路供远足爱好者行走。刘先生家后面不远就有条环形的小路，平时，他们常在此散步健身。

林中启示

刘先生向大家临时宣布了一个规矩，凡是他最先开始的活动，只要他声明，在 20 分钟之内徐灿和 Leo 就不可以重复，或者必须满足他开出的条件。说走就走，刘先生已经穿戴整齐了，正当徐灿和 Leo 打算出门换双鞋子的时候，刘先生说："第一个声明，我先穿的鞋子，你们 20 分钟之内不可以穿鞋走路。"

两人对望一眼，只好拎着鞋，除去袜子，跟在刘先生后面开始了"远足"。路面有些湿滑，不湿的地方都是碎石，光脚走路真是不舒服。但没有办法，两个年轻人拎着各自的鞋子，被刘先生毫不客气地远远甩在后面。

在丛林里大概走了 10 分钟，前面出现一道木围栏，围栏里面是一片平整的牧场，一条小径从牧场中间穿过，用一道狭窄的木门阻隔着，木门两边都有木桩栅栏组成玄门，人可以侧身过去，牛羊则无法通行，以防牲畜丢失。刘先生打开这扇门，向远远落在身后的两个人呼喊："我是推门过来的，你们不可以推门进来。"想了一下又补充一句说："如果你们非要'推'门过来，那就要做30个俯卧撑作为代价。"

徐灿拎着鞋子很狼狈，虽然还没有明白刘先生的意图是什么，但觉得很有意思。他们俩来到这扇木门前的时候，走在前面的Leo大声问道："如果我声明先用了另外一个方法，是不是别人也不能使用同样的方法?"在得到刘先生的肯定后，Leo纵身轻盈地翻过围栏，并宣布别人不能用"翻墙"的方法。于是，徐灿被这道门拦在了后面，不得不思索如何过这道围栏。徐灿很诚实，等大家都走远了，他从围栏下面钻过去，弄得一身泥土。现在的场景很有趣，时不时地听到刘先生在前面喊着什么事情，剥夺了别人20分钟内拷贝的权力，每当如此，都会让徐灿和Leo着实忙活一阵，有时Leo利用相对领先徐灿的优势，也会给徐灿出一些难题。

这条环形的小径并不长，几十分钟后刘先生第一个走回起点；之后是Leo；最后才是徐灿：满身泥土，多花了20多分钟，中途在一道门前还做了30个俯卧撑——一个多么诚实的小伙子。

三个人在丛林边，刘先生问道："从这次步行你们明白了什么?"

回答从徐灿开始，徐灿被弄得筋疲力尽，说道："我经常运动，您年龄大过我们不少，体力应该不如我们充沛，但是您处处利用先行者的优势，结果是我们反而落后很多。"

"还不仅仅是先行者优势，"Leo愤愤不平地讨伐道，"其实您设计了整个有利于您的制度，并充分利用它，结果让我们跟得很狼狈，一直没有机会超过您。"

“可以这么说，”刘先生满意地点点头，说道，“是的，我是比你们老，你们应该走得比我快才对。即便我先走你们也完全可以追上我，但是我通过制定和利用一些游戏规则，给你们设置障碍，我没有做出额外的努力，就轻易获得了竞争力。我不停地利用这些游戏规则，就获得了持续的竞争力，而让你们很郁闷，是不是？”刘先生爽朗地笑着，然后停顿了一下，加重了语气，说道：“企业也是一样，比较的不是蛮力，一定要知道怎么才能创造竞争力，并让你的竞争力得以持续，就像有的人拿到一手糟糕的牌，也可以打得有声有色；有的人拿一手好牌，反而输掉了。华人生意圈没有竞争力的原因是华人对这些方法太陌生了。”

企业也是一样，比较的不是蛮力，一定要知道怎么才能创造竞争力，并让你的竞争力得以持续。就像有的人拿到一手糟糕的牌，可以打得有声有色；有的人拿一手好牌，反而输掉了。华人生意圈没有竞争力的原因是华人对这些方法太陌生了。

Leo 似有所悟，说道：“刚才您设定的规则是不是类比专利制度？”

刘先生露出默认的表情，又反问道：“你们怎样看待这个制度？”

“这个制度保护了创新家的利益，创新得到了利益保护之后，可以激励产生更多的创新。”Leo 和徐灿虽然不是异口同声，但都给出了大同小异的答案——和教科书上说的差不多。徐灿还引述了美国总统林肯曾说过的话：“专利是浇在天才之火上的利益之油。”

刘先生又摇了摇头：“专利制度的本意也许是好的，比如你发明一把斧子，前 20 年，你可以获得排他性的利益，之后几百年甚至几千年人们都能使用你创造的剩余价值。但时代变了，产品生命周期缩短了成百上千倍，这种排他性的‘赢者通吃’的体系被发达国家所绑架。比如，你们知道 VCD 这种产品吧，他们在出现的几年后就被淘汰了，而 20 年的专利保护期使得这些发明创造完全限制住了新兴的工业国家包括中国等生产国，使他们没有机会获得他们应该得到的利益，VCD技术的缺失还限制了后续发展DVD，以及再以后的产品，中国企业难以插手开发部分，所以看来在很长一段时间里只能赚到一点微薄的加工费而已；现代社会平均产品周期已经大大缩短，再加上同类产品升级速度也非常快，技术淘汰快，跨国公司几乎不需要任何额外劳动，仅仅依靠这些排他性的专利，就可以赚到比中国企业多得多的利润。对于真正工作的人来说，这是一种非常不公平的制度，这使得很多发达国家的跨国公司能够轻易地获得超额的利润和长期的竞争优势，而后来者备受打压。就好像我们刚才去远足，在每道门前，你们都不能推门而过，要么要翻墙要么就要做三五十个俯卧撑。类似的还有知识产权制度等其他方面。”

说到这里，两个年轻人第一次从刘先生的脸上读到些许愤愤不平的表情。

竞争优势和竞争力

话锋一转，刘先生说道：“我们在这里没有必要讨论这个制度的公平性，但是对于未来企业家，你们应该了解使用制度是获取竞争力的一个方法。如何获得竞争力，有人说是靠不断创新，有人说是靠品牌等，这些都没有错，但根据我的个人经验，我觉得获得竞争力需要设计一个从战略着眼的体系，综合利用制度规则，保护自己的创新和增值自己的无形资产。就像布一个局，让自己的独创不容易被别人模仿；同时要尽量合情合理地把别人的成功之处取而用之。仅仅依靠研发、创新、大量生产，会很快输光你短暂的竞争优势。”

徐灿到现在才完全明白刘先生的意思。在步行之前，刘先生规定的20分钟之内不能重复做他首次声明的行为这不是类比专利制度吗？因为专利制度使得先发展的企业在本来就领先的基础上扩大与后面竞争者的距离，想想所做的那么多个俯卧撑和一身泥水，徐灿知道这个惩罚后来者的制度本身确实有弊病和不公平的地方。但是，看到刘先生能利用这些条件，从容地把强壮、年轻的自己和Leo甩在后面，这不是说明了这个制度在竞争中的实际价值了吗？虽然开始的时候和徐灿同样落后，但Leo立即领悟到这一规则，稍加应用就把自己甩在后边。几分钟后，身强力壮的徐灿就再也没有反击的余地，直到终点。

经过百年的锤炼，西方国家对于如何建立竞争优势，已经有了一套成熟的体系构架，成功的企业不断完善和应用这些战略，其核心原则就是：让自己的独创不容易被别人模仿；同时尽量合情合理地把别人的成功之处取而用之。商学院的任何一本教科书都不会把如何合理合法运用别人的创新写在纸上。这是学校研究和现实社会的差别。

经过百年的锤炼，西方国家对于如何建立竞争优势，已经有了一套成熟的体系构架，成功的企业不断完善和应用这些战略，让后来者眼花缭乱。但其核心原则如同刘先生所说的：让自己的独创不容易被别人模仿；同时要尽量合情合理地把别人的成功之处取而用之。前一点，徐灿从商学院的理论著述中早已学到，但商学院的任何一本教科书都没有把如何合理合法运用别人的创新写在纸上，可能这就是为什么书本里面的说法和现实之间有很大差距的原因，需要自己通过实践来体会。

获取源源不断的竞争力，得益于两个方面的策略考量：一是有能力保护自己的创新；二是有能力取别人的长补自己的短。

建立竞争优势，需要创新。但创新绝不能单枪匹马，如果不能和策略结合，很快就会陷入竞争的泥潭。获取源源不断的竞争力，得益于两个方面的策略考量：一是有能力保护自己的创新；二是有能力取别人的长补自己的短。前一段，刘先生主要和两个年轻人探讨的是如何发现和评价机会。而今天，看来他要给两个人讲讲经营策略和战略的问题了。

保护自己的创新不被别人模仿其实是一相情愿的，只是时间问题。但是通过巧妙地使用制度，可以极大地延长这一个过程，从而排他性地占有领先优势，专利等知识产权方面的手段只是其中之一，还有更多的手段，比如建立品牌、保密协议、建立复杂的组织结构、建立特别密切的客户/经销商/供应商关系，甚至通过政治影响、军事干预等，都可以创造出难以被对手拷贝的竞争力。

刘先生这一番话，似乎让徐灿满脑子的知识顿时活了起来。徐灿旅居海外，是一所著名商学院的研究生，学术功底很扎实，可是从前所学的东西，都似乎只是简单地堆积在一起，从没有想到这些书中的理论对实践能有多大的用处。今天，徐灿感到它们苏醒、活跃起来了。

创业的时候就要把眼光放远，意图在于获取长久的竞争能力，这是刘先生所要传递给两个年轻人的信息。而具体如何做，要善于使用所有的竞争手段，在自身前进的基础上，还要把潜在竞争者的路撒满铁蒺棘，建立不容易被对手模仿的竞争力是创业企业的首选目标。

徐灿担心起来，问道："既然竞争对手如此厉害，他们在前面，占尽先机，我们后来者岂不是没有机会突破他们设立的层层障碍了?"

"不尽然，"刘先生说道，"万事万物发展都有起承转合，成蛀坏空，行业的兴衰、竞争的焦点不断变化，没有企业可以铸起永久的竞争力，这是宇宙的大道理。即便是个富可敌国的大型跨国企业也只能算是旋转的车轮下的一只小虫子，可以被高高抬起，也可以被深深碾入地下。你可以从新兴企业中看到这一点。"

Leo 说道："可否举个例子?"

"好吧，"刘先生继续说，"拿大家都熟悉的汽车工业来说。一直到 20 世纪 80 年代，和汽车相关的科学技术领域，比如材料科学、动力技术等，不断突破，后来者很辛苦，因为领先者设置了很多障碍并且封锁技术，这使得日本和乃至后来的韩国汽车制造商只能在低端市场——食物链的底端残酷竞争。但是后来，技术发展停滞了——我是说，技术突破带来的可感知的性能提升越来越小了，再换句话说，2005 年的汽车和 1995 年生产的汽车在性能上差别已经不大了，比如在时速、油耗、噪声、寿命等方面都没有什么大的技术突破。同时，随着专利陆续失效，技术秘密不断被破解，尤其在中低档汽车制造工艺方面，已经没有技术壁垒可言，如果你想造车，所有你想要的技术都能拿到。这样在 20 世纪八九十年代，后起之秀的技术逐渐成熟，产品也夺取了相应的市场份额，而老企业不能及时调整心态、变化战略，自身的成本也过高，逐渐失去了霸主地位，就好像这几年丰田超越了福特和通用。韩国车的市场份额也加大了，因为技术不再控制在少数企业手中，韩国车的质量迅速提升，与之相伴的是市场份额也都提升了。你们说是不是变化才是永恒的，商机总是存在的呢?”

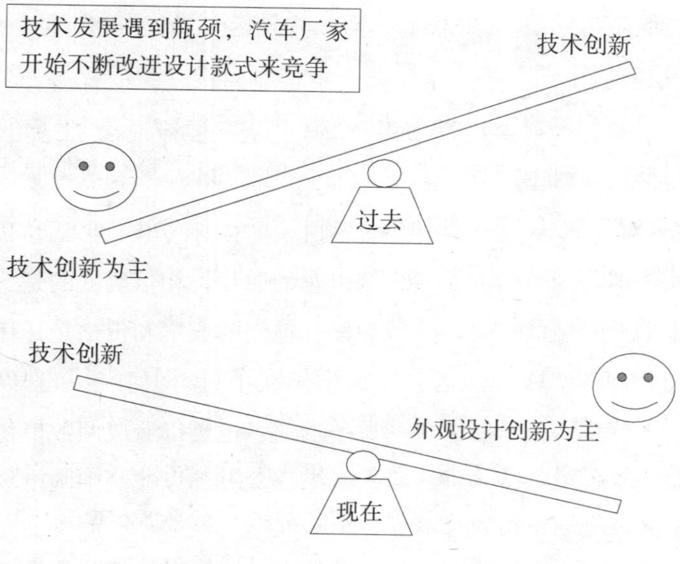

Leo似有所悟，说道："当技术发展到无可创新的时候，市场焦点发生转移，竞争策略也必须调整，而曾经的领先者往往会首先不适应这种调整，还停留在怀念从前的光芒中。那么他们前面等待的就是失败，对吗?"

徐灿眼里闪出光芒："怪不得中国本土汽车产业最近几年有突飞猛进的发展。原来发达国家的工业在原地踏步，所以给中国企业留下了成长的时间和空间。那照这个道理，是不是中国的汽车很快也能称霸全球呢?"

"也许吧。"刘先生没有对这个话题下结论，"中国汽车能否行遍世界，一要看他们自己的策略，他们和外国的汽车商相比已经具有绝对的价格优势，技术提升难度也不大，是很有潜力的，但是最怕他们打价格战。因为他们太需要比较好的利润率来成长自己了。如果自相残杀，后果难以预料；二要看强大的国外对手是否对中国企业进行绞杀，比如用低质量的合资品牌汽车来绞杀低价格的国产汽车，以达到消除后患的目的，合资品牌引进车型的质量缩水就是一种体现[①]。"

"所以中国汽车工业的敌人既是他们自己，也有强大的丰田、大众，可谓内忧外患。"徐灿不经意顺口说出了这句话，这句话让他自己都有些心惊。

"对!"Leo也有了同样的感悟，"中国汽车工业已经获得了初步的竞争力，我看过中国汽车的照片，相信所缺的是一些技术提升和市场准入的手续而已，他们的成本和价格是让任何跨国公司都望而生畏的。好牌虽然在手里，但胜负却难以预料。民族汽车企业如果恶性竞争的话，也足以造成两败俱伤的结果，更危险的是他们的对手是老谋深算、以控制中国市场为目的的通用、丰田等。"

徐灿此时的心里只有担心。因为从一些报道来看，价格战

① 中国开始对汽车安全进行碰撞测试，其标准低于发达国家的标准，但很多国产的合资车型的综合测评结果和国外同样车型的安全测试结果差距不大，说明技术上和材料上的"简化"比较大。

的硝烟正在悄悄升起，而这场价格战也无非是自己左手和右手之间的战争……三个人就价格战的话题，展开了更深入的讨论。

小议价格战：竞争策略的选择

很多时候，价格战是不得已而为之的策略。因为客户选择产品要么因为价格便宜，要么因为这个产品能提供独特的性能。所以，一个产业形成金字塔一样的结构，有些商家坐在金字塔的上层，享有超额的利润，因为他们能够提供别人提供不了的具有某些特点的产品；而很多大路货的供应商，则只能在食物链的底层，相互竞争压价竞销。在这种情况下，商家应该如何应对呢？徐灿从这个角度出发，向刘先生提了一个问题，因为在刘先生所陈列的竞争力里面，似乎没有提及价格优势这个因素。

刘先生回答道："价格战只有在一种情况下可以考虑使用，就是大企业凭借规模效益在市场上清剿小型的没有竞争力的企业时，等到清剿结束之后，可以恢复价格获得好的回报。最可怕也是最不明智的是势均力敌的企业进行价格战，最后的局面总是全盘皆输，毫无例外。经过几百年的洗礼，发达国家的企业之间的竞争早已经脱离了这个阶段，他们不但不打价格战，还建立了种种默契，比如，新西兰各大石油公司加油站的竞争很少在价格上做文章，相反，他们还媾和价格联盟；再比如百事可乐和可口可乐，他们的促销攻势针锋相对，引风起火，抢夺渠道、大量投放广告等，但从没有在价格上拼过。这样的好处是集体努力扩大产品的销量、做大蛋糕，同时保持了利润率，从而为持续的发展积蓄力量。这些企业都很健康强壮。可是在中国情况有些不同，中国企业喜欢在食物链的底端厮杀，只要有新企业进入市场必然起用价格杀手锏，老企业之间在价格上也相互不让，相互的厮杀造成的伤害让所有参与者都伤痕累累、精疲力竭，根本就没有力气向食物链的上层冲击。相反，等到一定的程度，食物链上层的跨国公司可以轻而易举地从顶端下来不费吹灰之力地占领市场。"

"但是如果身处这样的环境您该怎样做呢?" Leo 跟进问道。

刘先生面对两人交替的攻势，不慌不忙地回答道："千万别在混战中昏了头脑，避免在恶战中被蚕食了宝贵资源，当别人还在底端进行厮杀的时候，企业家要去看远景，找到方向，无论此时他们身在何处，他们会通过妥善保护的创新，向上层食物链进发。成功的企业家在面对不确定因素时，战略往往会大幅度地向前跃进呢。比如苹果的 iPod 播放器，当全球都为 CD 播放器厮杀的时候，苹果的目标锁定了 MP3 播放器，并调动了全部的资源宣传机器，从而奠定了新一代的音乐播放器的霸主地位，把 Sony 抛在看不见的后面。而真正发明 MP3 播放器的新加坡创新科技公司几乎没有为市场宣传投入，被苹果精心绕过专利壁垒，自己落得巨额亏损。"

"但是，" 刘先生话锋一转，接着说道："如果发现这个开始了恶性价格战的市场已经没有出路，就应该积极地放弃这些夕阳产品，然后向朝阳产品转移，或者向容易防守的小众市场出击，取得领导地位。新生企业家，积极寻找新机遇是整个战略制定过程的主要任务。受创业家领导的新企业，其主要的任务是寻找机遇，而不是在价格战中送死。"

徐灿说："这就是为什么很多在华的跨国家电公司纷纷从中国市场撤离的原因吗?" 徐灿和 Leo 很有默契地轮流与刘先

生对话。

刘先生回答道："如果是我，我也会从不考虑利润的不理性的市场中撤退。但我非常担心的是，很多中国企业因为可以利用多种手段，不假思索地用来打这种只会造成亏损的价格战，比如利用轻易获得的银行贷款来支撑。损失可以被掩盖，但矛盾积累到最后，企业一定会被自身压垮，到时候国外公司真可以兵不血刃地攻城略地啊。"

Leo 问刘先生："为什么他们这样热衷价格战呢?"

刘先生把问题抛给徐灿，说道："我对中国了解得不比你多，你说说看。"

徐灿略微沉吟片刻，说道："这个问题很好，但是很难回答。我觉得可以从两个方面考虑，一是企业对竞争力的理解水平很低，所以总是迁就顾客的要求，而又没有真正理解顾客的需要。客户不了解产品的内在品质，只能以价格为主要指标来判断，企业一味迁就客户对价格的要求，必然以牺牲利润和质量为代价，最后的结果是恶性的价格战。如果企业家能听到刘先生刚才跟我们说的话，也许会有不同的想法和做法，价格战的最后，消费者真的受益了吗？我看未必。几年前我在国内的时候曾经想买一台普通显像管制式的 25 寸彩电，不同品牌的价格一家比一家低，但是音质和画面色彩没有一台能让我满意，后来才知道，这个尺寸的电视，大多都是用 21 寸电视的机芯制造以图低价取胜，所以视听效果难以让人满意。我当时宁愿多花一些钱购买一台好的普通电视机，而不是一心想省几百块钱买个听不清、看不清的大屏幕用于装饰，我找了好几家商场最终也无法让我满意。商家只是在价格上迎合消费者，但对消费者的真正要求，根本都没有关注。其次，相互信任度太低，只会竞争，不知合作，都把对手想到最坏。我记得以前卡车在中国只有两家在竞争，他们的产品类似，性能差不多，一个在南方领先，一个在北方占有优势。价格战打得很凶，但市场就是那么大，双方几次谈判停止价格战，但是因为互相猜疑，每次协议之后的价格联盟都在相互指责中以失败告终。还有两家公司先后进入俄罗斯市场销售类似的皮卡，在价格上你死我活地竞争，让市场很混乱。两家公司尚且如此，如果参与者很多就更难达成信任了。”

Leo 插话道：“我想提醒一下，设立价格联盟在西方国家可是被严厉禁止的违法行为，所以各大石油公司的加油站乃至可口可乐、百事可乐之间的价格同盟都只能是以默契的形式进行，绝对不会留下任何证据，更别指望能有正式的会谈了。但是没有想到在中国如此宽松，甚至在允许、鼓励建立价格联盟的情况下，还打价格战，这真是令人匪夷所思。”

徐灿陷入短暂的沉思：无论行业现有竞争对手多么强大，总有一些切入点可以进入。但不能忘记，满足不断更新的消费者需要是根本。满足这个根本才能创造出利润丰厚的产品。进入市场不仅仅要依靠产品和技术，还要懂得游戏规则，利用游戏规则发展适合自己的策略，从而建立可持续的竞争优势。

刘先生似乎意犹未尽，继续开讲，打断了徐灿的短暂失神，话题继续深入下去，“你们要时时刻刻关注行业的发展，从中发现预示大变化的蛛丝马迹，从而利用它们，和它们共振，完成真正企业家的羽化过程。”

之后，刘先生重新提起两个年轻人曾经提出的两个商业计划：安全防护软件和蘑菇的事情。刘先生要求，综合前面所有领悟的东西，让两个年轻人合作，进一步深化他们的商业计划，看能否把建立十万元收入级别的企业的商业设想，上升为百万元的企业计划。徐灿和 Leo 这一段时间学到了不少东西，甚至有些技痒，能小试牛刀当然就愉快地答应了。刘先生说：“还是老规矩，两个星期之后见吧。”

徐灿起身，正要离开，刘先生突然问他：“如果你是那个旅行社的老板，想要打开印度人市场，你会怎样做?”

徐灿自信地回答道：“与其每张机票降价几十纽币，不如针对群体特性赠送一个价值相当的礼品做促销——比如，如果面向印度学生就赠送一个 MP3；如果面对印度家庭则赠送一个节电、快速的电磁炉，再印上公司的标识和网址。等打开市场三个月后再结束活动，如果嫌不够，过一段时间后换一种形式再安排一次促销，如幸运抽奖什么的，市场打开了，知名度扩大了，价格又没有下降，以后就有持续的收入，而且不会劳而无功还引起同行不满。”

徐灿笔记——重新理解差异化

刘先生给我们讲述的实际上是市场竞争策略。创业者如果事先不想清楚，恐怕以后调整起来代价很高。

就竞争策略而言，如果当代还有人奉行“薄利多销”，那么这个企业不论看上去多么繁荣，都可能会自己把自己拉垮。因为“薄利多销”是一个非常奢侈的经营方法，是不可持续的战略。可能有人会以沃尔玛低价格取胜的例子来反驳。可是，沃尔马并非薄利多销，它的低价格来自它的知识、经验和管理（物损率、废品率极低）加上它的品牌和规模，还有沃尔玛经营的产品质量都是大路货水平，所以它的利润率并不低，再加上现金周转快，其实是“低价值产品厚利多销”。所以它的生命力更旺盛，对股东的回报也高。

中国式的差异化选择

持续的竞争力来源于能够持续的差异化，在当前阶段中国企业首先要做的是质量差异化，能够提供更好质量的产品，才有资格进行其他方面的差异化。差异化的根本在于你能否满足消费者的需要，只有理解消费者真实的需要，才能创造出能占有真实市场份额的好产品。忽视消费者的真实需要，最终只能被消费者抛弃。中国手机生产商的起落是个最为生动的例子。国产手机曾经几乎把外国的品牌赶出中国市场外，但风光也就维持了一两年，之后就重重地摔倒在地。大部分的国产品牌手机热衷于价格战，而很少关心质量，而且低价格也必然导致低质量。令人眩晕的低价最开始让国产手机迅速取得了市场份额，但之后消费者发现国产手机寿命太短、质量太差、服务不好等，而此时国外品牌趁机推出低端手机来争夺国产品牌的市场，使国产手机变得很少有人问津了。手机市场被外国公司重新控制后，价格立即回升，变成了一个暴利行业。价格是消费者唯一关心的吗？忽略顾客的真实需要，国产手机遭遇了滑铁卢，这是代价惨重的一堂课。《只需更好》（巴韦斯和米汉著）这本书的观点是：“成功的企业正是把握住了客户真正想要的东西后，再在此基础上向客户提供竞争对手所没有的品类利益。它们差异化到了点子上，而不是做表面文章。沉迷于标新立异的企业也要知道，绝大多数的客户不会要你金玉其外、败絮其中的产品。”

在现在阶段的中国市场，使用“质量差异化”战略可以取得巨大的成功。好的例子很多，比如一汽大众的捷达轿车和海尔冰箱。当年捷达刚刚面世的时候，以质量为卖点，通过包括重奖50万公里无大修的出租车司机的市场炒作等手段，突出捷达的经久耐用，最终赢得市场。注重质量的捷达到今天还是中国最为畅销的车型，累计销售超过了百万辆。海尔从张瑞敏砸了76台质量不合格产品之后，开始注重产品质量和服务，赢得人心，成为中国最知名的品牌之一。现阶段，质量差异化，是让中国企业获得竞争力的唯一途径。没有差异化经营，并非不可以生存，但不会很好。差异化就是通过提供与众不同的产品和服务，来满足别的竞争者所无法满足的消费者某些方面的需求，因为独特，因而可以获得更好的利润回报。作为一个普遍的竞争规律，西方国家的机构都明确地认识到这一点了。同时，积极学习别人的差异性，为己所用。所以，一旦有一个公司推出一个新的产品，其他公司就会很快跟进，把这些特点糅合到自己的产品中。比如，微软不断学习苹果操作系统界面设计，甚至发布了和苹果类似设计的 MP3 播放器。所以，竞争力的关键是如何利用各种制度，使自己已经有的差异化不容易被模仿，同时尽可能地去模仿竞争对手的优点。万不得已，才会降低利润来扩大市场份额——而且这被认为是短期有效的。

所以，西方非常成熟的战略管理学已经精辟地概括了最好的竞争方法，就是每个公司都着力开发那些比别的公司更能让顾客觉得独特的东西，来照顾消费者的内在或者外在的真实需要（创新）；一旦某个因素成功，就极力设置障碍避免竞争者克隆（设置障碍）；而竞争者一旦知道对方的招式，第一件事就是考虑如何最快地并且合法地绕过对手设置的障碍，合理合法地把这些招式融合在自己的产品和经营里面，根据自身资源，甚至超越前者（合理模仿）。

华人企业需要学习这个现代竞争模式的精髓，不断创新，并学会如何保护自己的创新，把这些创新转化为可以持续的竞争优势，利润的发动机。但是对新兴的中国企业来说，如果创新太贵的话，要敢于吸收性地模仿，打好制度牌，迅速缩短与领先者之间的差距。在理解“竞争力”这三个字上，还有很长的路要走。

第十章 把优秀定位到伟大

两个年轻人把以前那两个不怎么成熟的商业计划彻底修改后，前景变得不同凡响。

向更强大的力量靠拢并与之共振，是让一个不错的点子演变成伟大成就的唯一出路。

徐灿和 Leo 拿到刘先生给的任务，非常兴奋。几个月以来，两个年轻人按照刘先生的指引，透过刘先生展现的独特视角，对成功的理解已经有了质的飞跃。成功的原动力在哪里、如何找到商机并加以判别、如何使用制度和策略从创业伊始就搭建持续竞争力。每次听完刘先生深入浅出的讲解，都觉得耳目一新，非常想有机会自己去试验一下。徐灿甚至想如果不是遇到刘先生，他的生活又会是怎样呢？这些都不是在学校所能学到的。

两个小小的火种，如何让它们熊熊燃烧？这个现实问题摆在了两人面前，要用他们的想法来完善，也有可能真的会有一天来实行这两个计划，这是多么振奋人心的事情啊！徐灿和 Leo 在深入话题之前，先确定了分析结构。

一、方向策略

在待开发的“小机会”旁边寻找是否有“大能量”存在，以图靠拢并与之共振。真正的机会是让驾驭者迅速赚取利润的东西，而不应该是制造缓慢痛苦的源头。

二、市场进入策略

分析目前的市场状况，找到竞争对手的弱点和消费者没有被满足的需要，以图寻找切入点，在坚实的墙壁上找到一块最松的砖头。

三、竞争策略

从一开始就要考虑怎样才能在竞争中取得竞争力，并能持续长久地保持竞争力。

正如刘先生所说，发现商机很简单，而如何巧妙处理商机，还要在上面这个框架中进行，这是两个年轻人浓缩了这一段时间刘先生的教导后的领悟。可能所有未来的企业家在一个等待他们大展拳脚的机会面前都需要深入考虑这三个问题。

跟随刘先生学习了一段时间之后，回头重看之前的两个商业计划，觉得从前的计划过于粗浅，丝毫没有策略的影子在里面：不了解市场，不了解顾客，也不知道对手是什么样子，更别谈打算以一个什么样的切入点进入市场了。这样的想法如果实施，估计很难有好的结果，就像胡乱出手的牌，就是再好的牌也必然会输掉。

重新理解蘑菇

分工合作，Leo 调研这个市场的竞争者和合作者，徐灿去深入了解消费者和产品、技术，约定三天后汇总，之后深入讨论其他问题。

Leo 的发现

Leo 调查之后发现，从生产者来看，新西兰大型蘑菇生产者只有一家（A 公司），是个集团型企业，他们集中生产、集中配送给各大连锁店，因为物流成本加上保质期的因素决定了他们以满足大型连锁超市为主，中型蔬果商店为辅，无法顾及小型零售店。另外还有几家中小型的蘑菇种植场，他们没有足够的生产能力，无法给大型超市稳定供应，也无法提供全国性物流派送，所以他们局限在中型的蔬果市场销售，由于资源短缺，他们也无法派送给分散的小型零售商，比如便利店等。

与生产者紧密联系的食品零售商也有自己的特点，食品零售店在新西兰呈“工”字形结构。大型连锁超市分布全国，小型便利店遍布每个角落，而中型的超市很少，而且被上下排挤。Leo 总结他的发现，画出下面的图形来表示。

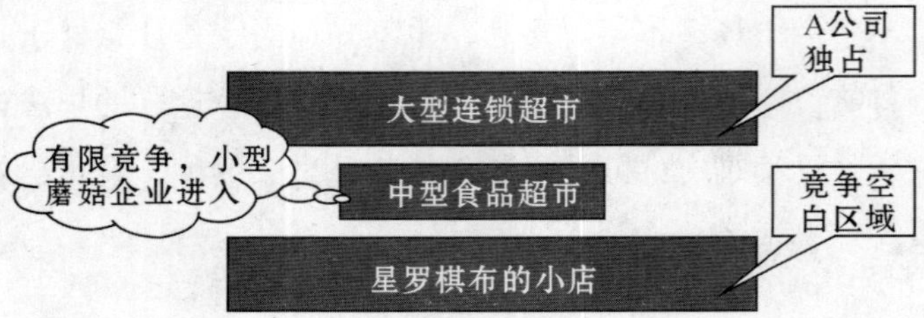

Leo 在蘑菇市场上的发现

徐灿的发现

大部分新西兰人只吃过两种蘑菇，即 A 公司在大型超市中出售的最普通的两种蘑菇，纽扣型蘑菇或伞状蘑菇，其实纽扣型蘑菇长大后打开菌盖就成了伞状蘑菇。产品品质还有提升的空间，超市中成箱摆放的蘑菇往往大小不一、批次不同质量差异也很大，有时蘑菇甚至看上去不怎么新鲜。不过已经习惯了单一品种，本地人是否能接受其他品种的蘑菇还需要调研。

在很多国家蘑菇并不是集中生产，而是以小型农户分散生产为主，小规模生产技术和自动培养设备发展很完善。分散生产出的产品，一部分由大型食品公司按不同等级集中收购，制成罐头，或者供应给连锁超市；其余部分可以通过农贸市场等零售渠道销售。小规模生产所需要的条件不高，利用十几平方米到几百平方米的室内、大棚等场所都可以，配合自动控制温度湿度的设备，就可以变成很理想的生产空间，而耗材、营养液、培养材料、技术等则可以集中供应。

一个大胆的计划

因为蘑菇的保质期很短，且没有其他公司能够提供全国性的物流和稳定的货源，蘑菇产品的高端渠道，即大型连锁超市被生产大路货的A公司独占；虽然小规模生产更灵活，能比大家伙更有效率地提供给就近的中小型零售店，但是因为产能和人员的限制，他们倾向于在中型蔬菜店出售。两个人坐在一起整整两天，讨论怎样来发展他们的计划。——这些小店是A公司由于运输成本关系所无法触及的。现在的问题是该怎样把这个市场的落差填上。

灵光总是在一念之间出现，徐灿突然说："为什么我们不能把技术和自动生产设备许可出售给一些家庭作坊，让它们就近供应给周围的小型食品蔬果店，甚至那些流动的跳蚤市场呢？我们可以集中采购原料供应给这些合作商。从技术上来说，分散生产才是最优的生产模式。"

徐灿这句话把他们从计划自己办蘑菇农场的念头中拉了出来，Leo理解了徐灿的想法，接着徐灿的话题说道："如果我们能有全国范围内的中小型生产商，不但他们能占领周边的中、小型零售网点，而且我们有潜力以更低的成本给大型超市在全国范围内配送呢！但怎样才能控制质量，建立信誉呢？"

徐灿很兴奋，似乎看到了曙光，说道："正是这样！为了保证质量，并且控制合作伙伴，我们可以建立两个品牌，比如说X和Y，把X品牌授权给我们的合作商，让他们在附近生产销售，攻占中、低端市场。至于Y品牌，我们向合作生产者采购质量优秀、个头均一的优质蘑菇，就近、及时派送给大型超市。”

“对，在高端市场，我们能在质量上击败对手，Y 品牌的蘑菇都是大小均一、新鲜、高质量的一等品，因为我们把差一点的产品通过 X 品牌消化掉了。A 公司因为没有低端渠道所以无法处理他们生产出来的次优产品，所以必须把所有级别的产品混在一起，这样在质量上，我们比他们就有优势了。同时，我们对蘑菇市场进行了市场细分，在高端市场我们能保障高利润，在低端市场我们可以保证销量！”Leo 简直就要欢呼起来了，因为他觉得，这才是一条正确的路，最大化了他们所看到的机会。

“而我们作为主体公司，把经营的中心放在原材料批发、研发、物流、品质管理和品牌上来，具体而言就是引进新品种并检验消费者的接收程度；控制质量和物流，保障供应和配送；给合作商及时的技术指导和帮助控制质量；管理好我们的品牌，塑造品牌形象，不断提升品牌价值！”徐灿又一口气列出一串蓝图中的要素。

Leo 被徐灿的蓝图所打动，眼神轻度发直，问道：“那这回我们能赚多少钱呀？”

徐灿像一位将军一样，信心百倍地说：“几年之后如果企业按预期建立起来，我相信绝对能达到刘先生的要求，成为百万级的企业！另外，两个品牌控制在我们的手里，占领了市场高、中、低销售渠道，再有新的公司就很难进入这个市场了。”

有了初步计划之后，徐灿和 Leo 一起把细节理清楚。把尚有欠缺的方面都标注出来，技术是一个很大的实际障碍，好在通过查询后知道，这些技术他们是能够获得的。计算机管理系统、物流系统、商标设计、市场推广方案等，这些都可以从外面采购。如果能有一些资金支持，他们会寻找在大陆或者台湾的科研机构，开发适合新西兰的技术和小型设备，当然注册专利、确立知识产权，也是不能少的。

软件

没有微软的 Windows 视窗操作系统如此的不完美，安全防护软件的市场就不会这样美妙。这是一块不用验证的大蛋糕，市场潜力有目共睹。Leo 第一次提出这个计划的时候就已经点出了这个竞争少而增长快速的市场的潜力，可惜的是新西兰的市场总量太小了，销量小，利润就会比较少，使得这个机会显得不那么诱人。所以，这个项目上他们的焦点是如何把这个机会扩大。

徐灿比较了解大陆的情况，他可以帮 Leo 和一家软件公司谈妥合作条件，用很低的成本采购一个成熟的反病毒软件的海外销售权利，并拥有部分知识产权。操作起来也很简单，只要向这个软件公司购买序列号即可，在本地印刷光盘，不需要从国外进口，之后的产品升级换代，都由客户通过互联网自动完成。这些前期可能性的问题解决后，自然而然，他们把目光锁定在扩大市场区域和延长产品线上来。拥有部分知识产权可以避免其他人随意效仿这种模式。

扩大市场覆盖，在新西兰首先想到的就应该是澳大利亚。两千万人口的澳大利亚是亚太地区数一数二的安全软件需求市场。而且澳大利亚的好处是城市化很高，在这个幅员辽阔的国家，人们集中在城市里，便于市场拓展。市场一下子变得可观起来。

但是，一个新产品，不容易被客户立即接受。怎样才能在这个市场立足呢？如何面对零售商、如何推销给使用者，这些都要考虑好。他们发现，新西兰的零售商都是与供应商采用“月结”的方式，到月底，无论是否销售出去，都需要付款；他们可以变“月结”为“寄售”的方式，让经销商无风险，以后市场打开了，再逐渐变为“月结”；其次，对消费者，他们计划推出一个月内如果不满意可以退款的设想，这在软件行业将是第一次；同时，他们把这个品牌塑造成一个本地品牌。此外，还可以增加软件产品的价值，比如定价低于目前的主流产品诺顿等品牌，使用期限长于诺顿，初期意图占领诺顿等产品照顾不到的市场细分。因为诺顿作为主流产品，人们对它的信赖是不容易改变的。但消费者需要有不同的可选择产品，这个新产品应该面向购买力稍差的消费者群体——个人客户，而不是集团客户。

“如果我们价格低，是不是会被认为发起价格战呢?”徐灿向 Leo 询问。

“当然不是，韩国车价格低，不会是对奔驰宝马发起价格战，因为所处的市场细分不同，面对的消费者群体也不同。我们的软件定位为弱势品牌，满足最基本的安全防护需要，当然不会是和市场的主导品牌的价格竞争。而且，我们会坚持健康的利润率。”

这样算下来，这个商机的潜力也很大了。但是，毕竟是一个小的市场，如何才能把机会做得更大呢？他们打开所有屏蔽的思维，毫无限制地进行着头脑风暴。

微软能被击败吗

相关产品线的拓展似乎不容易，因为微软在这个市场占有主导地位。视窗操作平台、办公操作系统都是微软的天下，而且由于微软极其强大的实力和对竞争对手决不留情的态度，一旦被它发现一个有增长潜力的市场空间，它就会踏进去，利用它庞大的身躯把对手挤出来。但两个人想起刘先生曾经说过的关于汽车工业发展的情况——当产品走向成熟，是后发展起来的对手进入市场、反超领先者的最佳时机，两个年轻人于是开始分析起微软的产品来。

微软最赚钱的产品有两个，一个是“视窗 Windows”，另一个是“Office”，两个产品提供了微软 90% 的利润。徐灿这一代人见证了计算机成长，经历了从文字界面的 DOS 系统，到现在图形界面的 Windows，计算机软件硬件的发展非常迅速。但是，和汽车工业类似，操作系统和办公室软件也到达了这样一种地步，技术方面的快速发展阶段已经过去，进一步发展的空间已经不大了，对于新版本的软件，人们所期待的性能的提升和功能的创新已经远远低于从前。现在软件能改善的地方已经不多了，以至于最新的 Vista 甚至遭到一些市场的冷遇。而微软的 Office 软件更延续了 10 年前的功能和风格，没有太大的变化。但是因为微软的垄断地位，使得两种软件定价非常高，客观地说，远远超过了软件本身的价值，但因为没有可以完全替代的产品，消费者就只能被宰割——俄罗斯政府曾经对此公开指责。虽然如此，但究竟怎样才能挑战微软呢？——这个问题占据着两个年轻人的心。

两个人不断从各个角度讨论，试图更深入地了解实质，他们发现，和 20 年前的计算机使用者不同，那个时候的使用者大部分都是专业技术爱好者，他们喜欢对技术刨根问底，当时的软件也很简单，用户往往要对软件进行后续调整才能使用，所以必须了解更深层次的知识才能成为计算机用户。而现在绝大部分软件用户不是计算机专家，他们不关心产品的内核，而他们之所以使用微软的软件，是因为微软的软件是行业的标准，他们已经习惯了微软的风格，包括热键、图标等，如果让他们使用苹果或者 Linux，他们会担心找不到那些他们很习惯使用的功能，还会担心文件格式互不兼容。

“目前，三种操作系统软件都已经成熟了，如果不考虑价格因素，阻碍人们从一种系统到另外一种系统的原因是不是使用习惯和性能呢？”Leo 给了徐灿一个设问句。

徐灿隐约感到 Leo 今天将有很大的突破，只是点头，也不插话。Leo 继续说道：“那么既然市场上大部分的人都习惯了微软的风格布局，只要其他两种操作系统和微软使用风格一致，包括图形、快捷方式、布局等，再让出产的文件相互兼容，理论上是不是客户可以考虑购买其他两种操作系统了呢？”

徐灿这时才小心翼翼地附和道：“对，只要用户使用界面一样并且能完美兼容各种应用软件，客户并不会介意内核有什么不同，再说，其他两种操作系统比视窗都稳定很多，至少可以说是各有长短吧。”

Leo 似乎豁然开朗，说道：“如果把 Linux 的风格完全改变为微软的模式，技术上应该很容易，因为只是改变用户使用界面而已，那么凭借 Linux 的免费平台相对于视窗要花几百块钱购买的这个优势，微软的市场份额就应该迅速被侵蚀，对不对？”

徐灿回答道：“Linux 和视窗风格不同，主要是因为 Linux 是技术人员开发的，而不是市场人员开发的，他们强调独特的地方而不在乎市场的份额。如果他们和微软的使用方法完全一样，会有更多的人来使用这些免费的软件，因为人们并不在乎也不了解源代码是什么。目前，人们已经开发了一些程序，可以让 Linux 的界面更像视窗，但还有很多软件兼容的问题无法解决，有的重要软件干脆无法在 Linux 上运行，比如微软的 Office 办公软件，这些都阻止了 Linux 的普及。”

“把 Linux 开发方向调整到和视窗一致，有没有什么知识产权的冲突？”Leo 问道。

“除了少数几个单项技术，比如汉字字体，微软有版权保护，所以 Linux 系统中无法兼容微软的字体，而其他方面一般不会。微软本来没有公布它的核心技术秘密，所以不受专利和版权的保护，而操作系统的风格本身并没有什么特别的东西需要保护。可是——”徐灿不甘心地问，“微软这么多年独占市场，一定有什么别的原因吧，难道仅仅靠类似的用户界面和靠软件兼容就可以击败它的对手吗？”

“因为观念已经被人们接受了，所以就以为是自然而然的，你能告诉我还有别的什么原因让人们不愿意离开微软吗？”Leo 反问道。

“因为——习惯用微软的了……”刚说出口，徐灿发现，这正中了 Leo 的下怀，于是改口说：“所以你的意思是微软的优势是‘皇帝的新装’，等待你来喊破吗？”徐灿笑了笑，突然止住，问道：“说来说去，Linux 是个免费的平台，就算是通过模仿和兼容 Windows 视窗战胜微软，和我们有什么关系呢？Linux 做了也是免费的啊？”

“对，我们不做 Linux。”Leo 突然露出坚毅的笑容，接着说道：“但是我们可以做和 Office 完全兼容的 Office，并且也要兼容 Linux！这种产品已经完全没有什么技术壁垒，兼容起来可比 Linux 兼容视窗容易多了，也可以更彻底，如果我们用 OEM 的杀毒软件能在软件行业立足，下一步，可以用 OEM 的方法做 Office。”

徐灿怔了怔，几乎不敢相信自己的耳朵，问道：“你——想——击败微软?!”

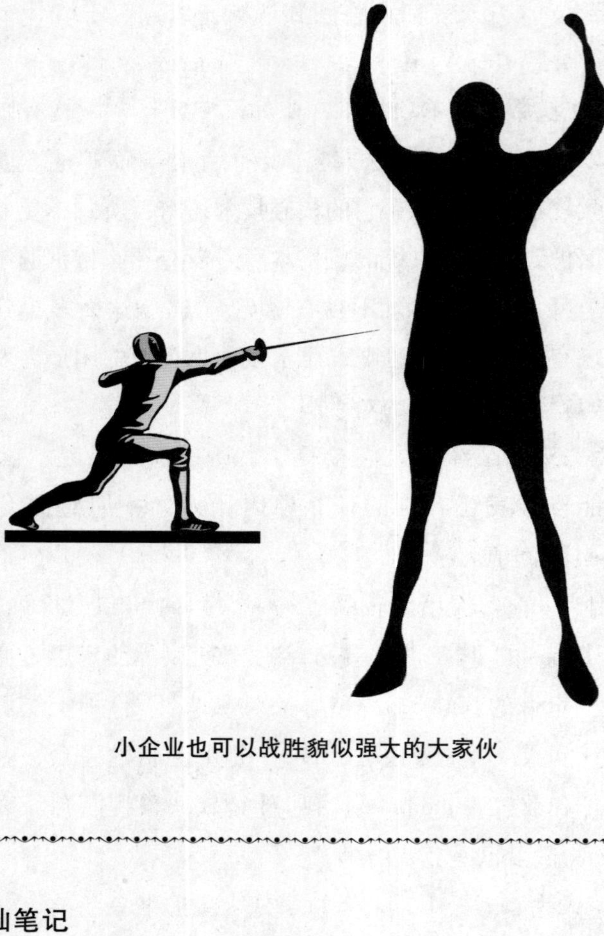

小企业也可以战胜貌似强大的大家伙

徐灿笔记

微软当然没有这么容易被击败。微软的竞争技巧很高超，也很凶狠——因为它有实力。别人为了竞争一般通过研发领先对手。而微软却可以凭借它的巨大实力直接购买对手而消灭之，从而让竞争不存在，或者通过他已经有的垄断地位，用不正当的手段消灭潜在的对手，这是别人没有能力来模仿的。另外，微软和众多计算机生产厂商的紧密关系，也让试图分一杯羹的人胆怯。因此，市场缺少竞争，消费者不由自主地变得越来越“习惯”微软的产品。同时，微软也大量使用知识产权和其他手段的障碍来限制对手。比如微软的中文字体版权让 Linux 无法超越；同时微软绝对不提供基于 Linux 的 Office 版本，让 Linux 用户无法使用最常用的 Office 软件。这些手段都让 Linux 无法在短期内取代 Windows，市场份额无从谈起。但没有哪个企业可以永远不败，微软自然不例外。在别人不去想、不敢想的时候，发现微软的要害并大胆实施，你才能成为世界上下一个最成功的人。不要忘记 20 世纪 70 年代，IBM 控制了美国 60% 的计算机市场和大部分欧洲市场。小公司都抱怨 IBM 把市场所有的机会都抢走了。但是正是因为盖茨敢于面对这个庞大的巨人企业，他才有今天的成就。

“蘑菇”也是一个生动的案例，说明后来者如何利用市场主宰者的短处，进入市场，并有机会成为强有力的挑战者。在新西兰种植蘑菇第一眼看它只是一个小生意，但在透彻理解了市场、竞争对手之后，一个针对性的“双品牌”战略让这个后来者可以通过市场领导者没有办法照顾到的市场分销渠道，取得立足，并且能在当前市场领导者最强的地方，开辟战场，提供更高质量的产品和便利的供应。

所以，选对方向，选对市场进入方式，设计好竞争策略，是成功进行不对称创新的方法。软件和蘑菇这两件事情证实了一个好的策略，可以让一个种子的目标成长为大树，能让优秀定位为伟大。这需要创业者不仅仅拥有勇气，更需要有智慧。创业者如果忽视了策略，而只会努力工作的话，永远都在食物链的底层挣扎。所以，很多时间，勤不能补拙。

第十一章

从合作伙伴到创业团队

孔子说，这个世界上对自己有帮助的有三种好朋友，即“益者三友”，就是正直、诚实、广见博识的朋友。不好的朋友，即“损者三友”，就是谄媚逢迎、虚假伪善和夸夸其谈的朋友。这对于创业者寻找志同道合的人有着借鉴作用。创业伙伴要同奋斗、共分享，“淡如水”很难做到。如何看待利益得失，关系到未来的存亡。

两个人以难以置信的速度使用刘先生的方法，在两个商机中发掘最大的潜力。他们计算了资金、盈亏平衡等关键数据，在约定的时间前，向刘先生递交了脱胎换骨的商业计划书。

刘先生看了之后，非常满意："还记得我从前说过，企业家是最孤独的吗？你们的这两个商业计划很大胆，但是，我相信你们很难和一般人交流这些想法，大部分人不会理解，也不会相信他们身边的你们能够撼动那么大的商业巨人，比如提到的 A 公司，甚至微软——这就是雄心勃勃的企业家和芸芸众生的分水岭。你周围的人也许会对你们的想法不以为然，甚至讥笑你们，只有你们自己知道这里存在赢的可能，而且你们确实发现了那些"巨无霸"们的死穴。你们必须敢于相信你们的智慧，敢于大胆实施，无论别人怎样影响你们，最终成败关键要看你们有多少决心去实施。"

Leo 和徐灿听到这里，想起那天刘先生在桌子上写的"COMMITMENT "决心一词来，好像这个词还在闪烁着晶莹的水光。其实之所以他们能在这么短的时间里完成刘先生交给的"作业"，很大程度上是因为他们非常投入，中途退却的借口可以有很多，但有了决心就不会轻易放弃。真的深入了，竟然也体会到"无限风光在险峰"的意味。

刘先生问道："当然我没有故意引导你们去击败哪个特定的对手，你们敢于选择行业里最大的公司，比如微软、A 公司，并且发现它们的一些要害，出乎我的意料。这也证实了前一段讨论过的，在任何时间和地点都有机会产生，任何强大的企业都不可能永远无敌，也许你们会成为它们的终结者。你们向潜力巨大的地方探索，敢于向貌似强大的企业挑战，这就是向强大外力靠近的行为。能不能引发共振，还需要你们在战略方面的设计。关于战略这个词的定义有很多，我看企业战略其实就是如何确立和保持、发展自身的竞争力，并为最大利用这种竞争力来发展和采用的合适的商业模式，最终达到持续发展，基业常青的所有行为过程。这次考试你们合格了，那么如果让你们真地开始这两个项目，还需要什么额外的东西吗？”

“资金，一点启动资金。”徐灿不假思索就回答道。

“资金应该不是太大的问题，我们的出发点并不是资本密集的行业，我们更需要的是一些时间来准备整个事情。”Leo明显是想了之后才回答的。

“对，我们需要邀请合适的人手加入我们。在蘑菇项目上，我们还没有掌握技术，另外也要选择设备，并对设备进行适合新西兰的调整。总之，技术方面有块短板；软件方面，虽然 Leo 是做软件的，但是在系统安全方面还不是专家，需要技术的支持。”徐灿把问题明确化了。

刘先生点点头，说道：“你们的商业计划其实让我很惊讶。我很高兴你们理解了我这几个月以来所说的每一句话，并且加上了年轻人毫无思维定式的风格和不修饰的野心。也许是和你们谈谈建立自己的创业团队的时候了。”

刘先生所说的创业团队和一个公司的构架有所不同。创业团队是精简到无法再精简的最核心的结构，无论多么庞大的公司都有一个初始，创业者要做好三件事：

一、创新的产品或者服务

二、战略

三、销售，也就是产生现金流

所有其他服务都可能外包给别人，但是对于新出世的、野心勃勃的企业家，这三件事情是不能由外人操刀的——当然，需要吸收外来的意见，收集更多的信息。刘先生就拿蘑菇的事情举例：如果没有蘑菇这个产品，这个机会就不存在；如果没有策略，这个生意就还停留在小本生意上，可有可无；如果没有人能销售，那么这个计划再伟大也只是纸上谈兵或者说是闭门造车。刘先生加重语气强调说：“这三件事情，必须由创业者来控制。

对“控制”这个词，刘先生解释道：“产品并不一定要由创业者开发、生产，可以是委托设计和加工，但知识产权、专有技术等至少要在创业者手里；某一方面的谋划也可以参考别人的意见，但决定权不能外落；创业者也不一定要亲自销售，可以通过内部和外部的渠道，但是要对渠道有一定的反制力和替代措施。这三个方面在创业初期的控制权必须由创业者掌握。”

“如果有一个或者两个方面创业者不具有控制力呢?”徐灿好奇地问道。

“那样的话，你就依靠合作伙伴或者创业团队来掌控，否则整个事业就会陷入心有余而力不足的僵局。”刘先生回答道。

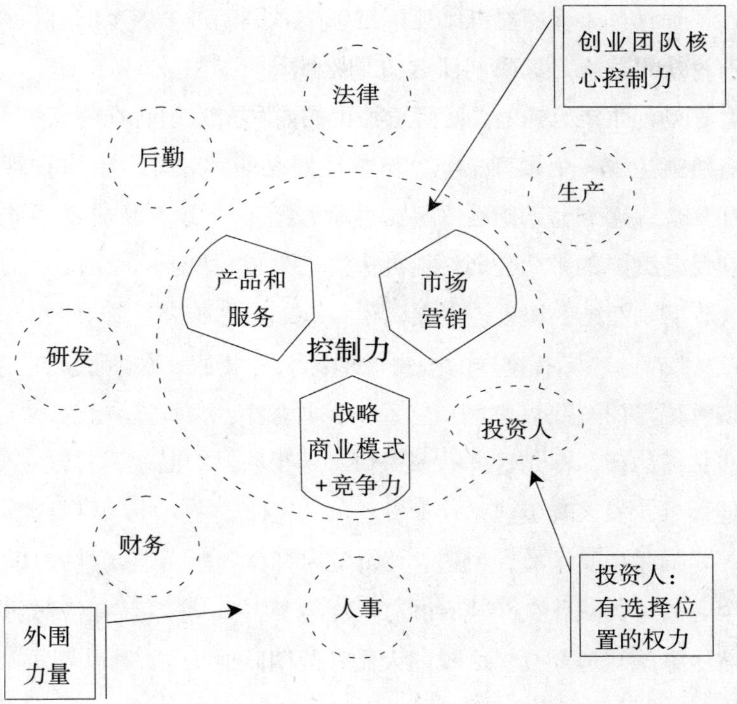

也是共振

“产品+战略+营销”是创业的三个必要条件，而且这三个方面都要达到最优的水平，才能成就伟大的企业。资金可以借到，法律方面可以请律师，税务方面可以请会计师帮忙完成，但是这三个要素缺少了是没有办法弥补的。“如果企业创业的时候缺少其中之一，就会造成先天不足，要么关门大吉；要么就发展缓慢，长不大。”刘先生总结说。

“这未免有点太绝对了吧？”Leo发难道，“难道没有什么大企业是在缺少一个要素的情况下发展起来的吗？”

刘先生很认真地想了想，回答道：“确实有三个条件不足的企业，长大很快，但垮掉也很快。”

徐灿和Leo脑海里迅速闪过一串名字，每个名字的背后都有一个迅速崛起又瞬间溃败的企业。

刘先生继续道："任何三种中的两种要素组合在一起，都有可能造就一个大型企业，但是他们无一例外都会很快衰落。比如，谋略和营销组合在一起，而没有一个好产品或者服务，会是什么样的一个公司?"

"那这个公司肯定是骗人的。"Leo回答。

"对，确实有这样的公司像泡沫一样膨胀，被刺破后迅速恢复原形的，我们都经历过。"徐灿说着，又补充一句："好多保健品产品都是这样，来得快，走得快，产品吃了有没有保健效果，没人知道。"

刘先生笑了笑，说道："如果你打算创业，那就想好这三个方面你欠缺什么，或者在你有的东西中，是不是有些薄弱。然后你就知道要找什么样的人做你的团队成员了。"

"对了，"刘先生补充道，"好的团队也能产生共振——内部的共振。"

Leo和徐灿若有所悟，相视一笑。确实，内部共振可以激发出行动的能量。

合作的心态一

显然，刚才刘先生说的是创业团队的技能组成。但中国有一句老话说："一个中国人是一条龙，三个中国人是三条虫。"这似乎是中国人的文化宿命。早在战国七雄的时代，秦国独大，当时有两种政治思路：联横和合纵。联横是说六个相对弱的小国联合在一起，对抗秦国，可以达到势均力敌的效果；而合纵则是各国分别与秦国单边修好，在秦国的保护下得到国家安全。秦国当然是合纵的鼓吹者，而六国中不少谋士不断奔走以求达成联横的目的。结果很清楚，联横这种合作方式在交锋一开始就败下阵来，各国纷纷背地里与秦国交好，但最终也没有摆脱被秦国一一吞并的厄运。读战国以后的中国历史，似乎就绝少有合作成功的例子。徐灿合上书本，很困惑。

在现代商战中，华人也以家族企业而著称。典型的华人企业由三层组成，核心是一个家庭，第二层被亲戚或者有密切关系的人占据，比如从前的同学、朋友、街坊邻居等；而外围是没有任何关系的普通被雇用者，他们一般都从事低级工作，不了解公司的内部信息。职业经理人往往被边缘化了，不被信任，或者在大部分华人企业，他们根本不存在。由于一个家庭成员数量有限，成员素质难免良莠不齐，这样一来，当企业大到一定规模的时候，因为缺少足够的管理或者技术人员，难以取得进一步发展，甚至走向相反的方向——有多少次“富不过三代”一语成谶。

更为甚者，已经一同建立起事业的合作伙伴可以同苦却不能共甘。亲兄弟打了天下，到头来却要分家，把本来有限的资源进一步分散和稀释。

“难道这种模式就是我们华人合作关系的宿命吗?!”徐灿和 Leo 曾相对欷歔。

这个如何处理合作关系的问题此时正好可以向刘先生请教了。

刘先生很小心地处理这个问题，回答道：“很多原因导致这样一种不愉快的现象发生，遗憾的是，这种情况相当普遍。两个方面值得考虑，其一是企业主通过对‘外人’保密，来保护自己的技术、经营方法乃至客户群等，以此来防止别人模仿，因此不信任外来的任何人。其实这些可以通过策略层面解决，比如注册专利技术，建立特别复杂的经营方式，都可以阻止别人偷走你的经营秘密。还有一个就是心态的问题了。”

大家跟随刘先生移步来到那张曾经用水写过字的桌子前。“一个企业家创立一个企业，虽然所有权在这个企业家名下，但真正意义上并不是这个企业家所完全拥有的，也属于它的客户、员工和收取税收的政府等。企业家要有个‘公心’才能把事业做强。”

刘先生在桌子上画了几个同心圆。“小的圆圈是你的个人需要和私心，而大的圆圈是你的事业。小圈完全是个人空间，是不容侵犯的，这是人的本性。而大圈则可以包容很多东西甚至和别人共享，比如老板和员工一同分享事业成功的喜悦。很多人把这两个圆圈画得等同大小了，任何人进入你的事业也就侵犯了你的领地，就没有办法合作了。这样的例子有很多，很多合作伙伴一起开创了事业，但最终走向分裂，很大原因是因为每个人都觉得应该把成果占为己有，或者一心把成功尽量分掉使之成为私有。”

如果能限制自己的私心，把更多的资源引进来，那么事业可能发展很大；而放任自己的私心，把事业作为自己的私有财产，绝对不允许其他人分享，就难有大的作为。

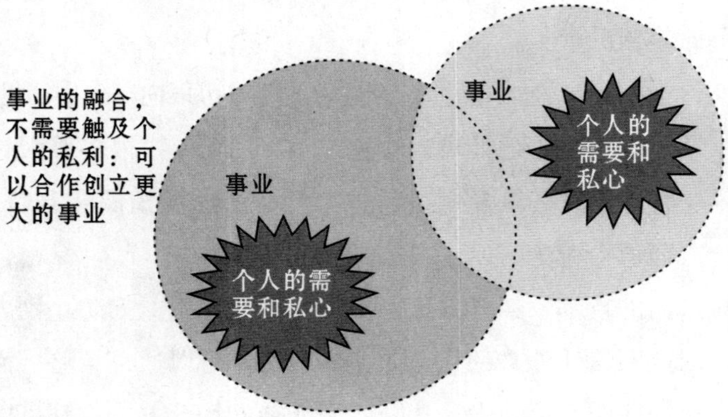

徐灿摊开了自己的笔记本，按照刘先生的思路，首先画出了上面这组图形。当创业者个人的需要和私心被控制的时候，他们能把事业圈扩大，甚至和合作伙伴等分享共存，最终创造出更大的事业。蛋糕被做大了。

徐灿又在笔记本上画出了第二组图形，当创业者的个人需要和私心膨胀与他们所能控制的资源（他们的事业）等同大小的时候，合作成为不可能。因为他们的私心被膨胀到极点，私心是排他性的独占的欲望，不能允许和他人共同分享胜利。

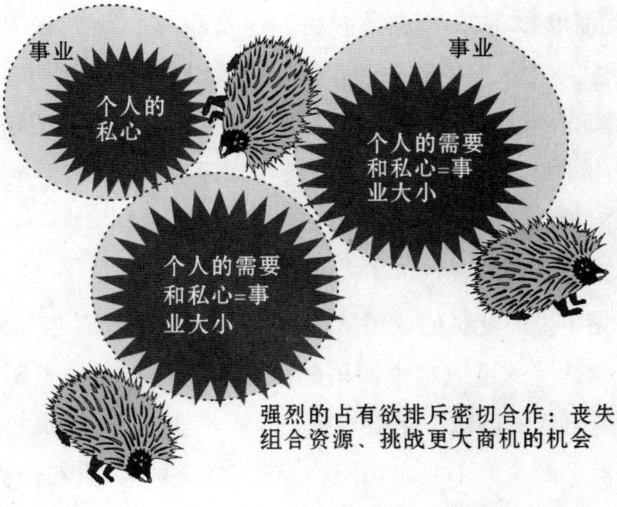

强烈的占有欲排斥密切合作：丧失组合资源、挑战更大商机的机会

合作的心态 二

“看来创业团队的内部关系应该是既要合作，又要能够分享。那是不是创业者应该慷慨地通过股权分配等方式，把创业团队更加紧密地团结起来？”徐灿问到了一个敏感的股权分配的问题。

"既对也不对，"刘先生给出了一个模棱两可的回答，"水浒好汉'大称分金'式的分配方法，是造成企业目标分散、责任被稀释的一个原因。事实上很多初期合作很好的团队，股权分配之后，反而散伙了；有些上市公司一旦上市，其中一部分核心员工得到了股权，立刻就失去了为企业奋斗的动力。所以，尤其是发展中的企业，盲目分配股份，表面是对创业伙伴的公平，但对公司长线发展来说并不一定有益，多少有些'乌托邦'的味道。"

"那应该怎么办呢？"Leo 问道。

"团队共享的不一定是股份。还有很多，比如权力、责任、地位、奖金、决策的过程等等。让团队成员有机会在一个公正、阳光的环境下合作是最为重要的。团队成员对股份的要求是他们对未来的不确定性的一种正常保护性反应。这种不确定性会因为制度的不公正、不透明而变得严重和复杂——比如老板反复无常、不履行承诺，或者排挤外人等。"

刘先生说的就是创业团队的价值观问题。对创业者来说，最需要的是一支可以精诚团结的队伍。人没有私心是不可能的，精诚合作的团队不是没有私心，而是能控制私心，把事情放在台面上解决而不是暗箱操作，让事业融合，蛋糕做大了，最终每个人都能得到大得多的事业和利益。人并不能一下子就认识到这一切，需要一个公平、阳光、团结的环境。事实证明，这些团队默契和共同价值观可以通过学习和沟通取得。创业者应该促进这些沟通——开诚布公，是最好的方法。这也是通用电气前任 CEO，这位人称当代最伟大的 CEO，杰克·韦尔奇如此提倡坦诚沟通的原因了。所以，在没有阳光的公司里，团队成员无疑更容易觉得不公正，受到委屈，因此也就更容易离开。一旦拥有股权，这种离开对中小企业来说就变得代价沉重，甚至会造成企业被分拆，或者骨干人员集体跳槽等。这样的例子不胜枚举。

“那也就是说，您不提倡分配股份给创业团队的成员是吗?”徐灿问道。

“不是，”刘先生非常简洁地否定了，“但是——”他加重了语气说道：“要让股权分配行之有效，需要权衡方式方法。”

不同的具体情况会有不同的方法，刘先生给出了几种他认为不错的方法。

第一种，间接持股。让团队成员组成如员工委员会，作为一个独立的实体，持有公司的股份。如果成员退出，则可按照一定的规则，兑换成为现金补偿。而且这种补偿是可以加上条件的，比如，必须保守公司机密，不能从事和公司直接竞争的行业，不能鼓动其他员工离职，等等。这种方式的最大好处在于，因为不是直接持股，主要人员离职后，只能去员工委员会清算股权，不需要分拆企业自身、无法瓦解人员团队，而通过间接持股得来的股息收入并不比直接持股少，一样有鼓舞员工士气、增加团队集体认同感的作用。

第二种，期权。期权大家都比较熟悉，是未来的一种企业与员工的相互承诺。

第三种，限制股份权利。减少某些股份的投票权，和/或者增加某些股份的投票权以达到控制企业的目的。企业被少数人控制的好处是，可以加速决策速度，放弃短期利益，等等。很多欧美大型公司的创始人占有的股权虽然很低，但是通过这种途径，依然能够控制企业的战略发展方向。

对于家族公司，刘先生建议以家庭信托的形式持股，一旦兄弟分家，可以让老大拿现金退出经营，而老二可以继续把家族企业做大。刘先生补充说："具体情况要具体分析，股权分配是非常敏感的，一旦分出去，就收不回来了。创业团队的成员如果过早拥有了股权，取得稳定的红利，会有很多人失去努力工作的动力，需要小心应对这件事情。总之，股权分配是事关重大的事情，不能草率。"

徐灿笔记

成功的人很多，但在一定阶段，我们并不一定有机会去认识，也没有办法去为他工作；让成功的人为我们工作，当然最好，但绝大多数刚开始创业的人没有这个实力。只有合作，把能干的小人物的智慧和能力集合起来，才能经营一个能抵抗风险的事业。但这个团队不是一个由能工巧匠简单搭建的草台班子，一些共性必须在创业团队中体现，适合做潜在的合作伙伴的人应该有以下几个特点：

一、不甘心，学习能力强。学历代表过去，学习能力意味着掌握将来，懂得从任何的细节、所有的人身上学习和感悟，并且要懂得举一反三。在更多时候，把学习当作是一种态度和习惯，才能了解到外部的变化，抓住机遇。

二、行动力强，懂得付出。只有行动才会有结果。要想杰出一定得先付出。畏惧奉献，是不可能创业的。

三、有强烈的沟通意识，诚恳。沟通是一种态度，而非一种技巧。一个好的团队当然要有共同的愿景，非一日可以得来。每人都有不同的立场，不可能要求利益都一致。关键是大家都要开诚布公地谈清楚，不要委曲求全。相信诚信才是合作的最好基石。

每个人都有私心，如果不学会控制，必然导致破裂的合作关系。

事业发展到一定阶段，下一步的方向如何把握会有两种不同的声音。第一种是分家，亲兄弟明算账，把一个刚刚具有雏形的大船，分成几个中小型的舢板；另外一种是和更多资源结合，虽然自己的控制力被削弱了，但是企业变成航空母舰，能够开出国门，和其他“巨无霸”并驾齐驱。这是个分水岭，企业家和老板的分水岭。

商道

第十二章

成功的人比普通人拥有更多的资源，一举一动更能影响到外部环境，他们是现实社会大、中或小环境里游戏规则的制定者和裁决人。所以与此同时，成功者身负更多责任。

但无论多么成功的人也摆脱不了外部制约，如何可持续地利用手中的资源，并让外部环境越来越有利于自己，获得眼前、中期、长期的最大化利益，这是非常复杂的操作和抉择，需要顺应“商道”。

当年有位记者曾问年轻的“微软”公司总裁比尔·盖茨：“你成为当今全美首富，个人资产高达550亿美元，成功的主要经验是什么?”

比尔·盖茨十分明确地回答说：“一是勤奋工作，二是刻苦思考。”

如果把这两点翻译成刘先生的理论，就应该是Commitment和谋略，这两点都不需要是天生的，只要行动，都可以做到、想到。但也许是比尔·盖茨没有说真话，或者，他自己也不知道，其实，无论他多么勤奋工作和刻苦思考，如果他早生或者晚生20年，他可能只会成为一个普通的美国中产阶级的一员，因为错过了“共振”的时机。

成功线路图

从认识刘先生到现在的前前后后，徐灿看到了一条完整的线路图，通向成功。

刘先生首先终结了我们一直相信的“努力创造辉煌”的童话：成功是源于成功者和外力的共振而瞬间取得的，这是刘先生所说的成功的原动力，没有这些强大外力的推动，而靠自己的“简单努力”，获得真正的成功机会非常非常渺茫。要想驾驭这些外力，就要敢于改变自己的命运曲线，就要向外面巨大的能量靠拢，而非依靠内在的努力。

其次，无论何时何地，都有机会潜伏，但需要比常人更加深入才能发现它们——“挖深井”。机会要靠挖掘，表面被障碍掩藏，大部分人会浅尝辄止，而创业者需要有进深的勇气，耐心研究，对每件似是而非的事情，至少在思考上，要比别人更深入。何时何地，都有机会可以被发现。

再次，辨别机会好坏非常重要，不要被内心对创业的渴望所迷惑，大部分的机会带给人的是囚牢，所以要学会分析，分析外部空间和内在资源，能否有达到共振的可能，如果有的话，还要问一下自己是否在心理上已经准备好了全情投入。

第四，手里有一把好牌，还要最终赢得精彩。这就需要建立自己可持续的竞争优势：利用制度、法律、人员、控制的资源等布局，保护企业最大的资产，从一开始就建立稳固的优势。一个好的产品加几个精明的销售人员，是不够的，至少还不够建立长期的竞争优势，随着产品生命周期的结束或者竞争环境的变化，风骚会悉数散尽。学会利用更复杂的策略，才可以让企业成长壮大起来。这就需要操作性很强的“谋略”，把小的机会放大，从优秀到伟大；全情投入的决心，使得万事皆有可能。“谋略”并不信奉“简洁为美”的观点。

第五，挑选合作伙伴，摆正合作心态，在与合作伙伴的共振中把事业做大。没有相互的信任和共同的利益，很难合作。即便有共同的利益，私心也是合作关系最大的障碍。限制私心，把它和事业分开，才能让企业茁壮成长起来。团队内也要建立共振，才能产生巨大的能量。合作伙伴共振的先决条件是：一套阳光体系，让大家都确信，一切都能摆在桌面上来解决，加上合理的股权分配模式，避免为将来埋下隐患。

经过这几个月，徐灿觉得自己成熟了很多，值得珍惜的是和 Leo 建立了一种默契。他们两个跃跃欲试，希望能做出一点成绩来——在线路图上走一趟。

最后一课

这一段时间以来，两个年轻人的观念已经被刘先生彻底改变了，而刘先生为了多教两个年轻人一些，也在新西兰多留了几个月。看到两个年轻人领悟很快，知道是离开的时候了。这天，徐灿和 Leo 来拜访刘先生。刘先生似乎把一些重要的事情留在了最后。

“这几个月我带你们迅速走了一遍成功的路径。你们已经明白了成功，或者说发迹来源于共振。但我想最后嘱咐你们的是，这些强大的外力有时也可能是不正当的，甚至是肮脏的，比如滥用权力、暴力、欺诈、巧取豪夺、背叛出卖、犯罪，或者没有公共道德、污染环境还有掠夺资源等等。通过这些方式，财富可能来得也很快，但是我强烈建议你们不要通过这些途径来窃取成功。”刘先生说到这里，眼睛期待地看着两个年轻人，继续说道：

这个世界有着无穷无尽的光明正大的机会等待人们去开发，不一定要有资金和学历，只要善于驾驭这些机会，都可以达成所愿，一生光明正大地享受成功的果实。既然这些创业带来的财富可以让你心安理得地享受，真没有必要通过不怎么正当的方式——尤其是损害别人、大众的利益来获取自己的利益。

“这个世界有着无穷无尽的光明正大的机会等待人们去开发，不一定要有资金和学历，只要善于驾驭这些机会，都可以达成所愿，一生光明正大地享受成功的果实。在过去的几个月里，我们都探讨过了创业的方法，相信你们都体会到了。既然这些创业带来的财富可以让你心安理得地享受，真没有必要通过不怎么正当的方式——尤其是损害别人、大众的利益来获取自己的利益。”

用不正当的方式，他们的不洁净的财富来得快，去得也快，财富从来没有真正属于过他。

“我一生中见过很多人用不正当的方式，他们的不洁净的财富来得快，去得也快，财富从来没有真正属于过他。当这种财富出现的时候，他们会变得趾高气扬、飞扬跋扈；财富消失之后，他们又变得极度失魂落魄，甚至没有善终。这种财富不能带来充实、幸福、满足，只能让人更贪婪、更不平衡、更不快乐，就像依赖毒品一样，最终越陷越深。我希望你们能记住我的话。”

两个年轻人不住地点头。宇宙之间有很多要敬畏和遵从的规则，古人称之为“道”，做事做人，借事修心，让生命的价值得到最高的体现。创业者应该遵从“商道”，对外遵守法律道德，对内问心无愧。刘先生要大家遵从的应该就是这个基本道理。

通过与肮脏的力量共振，当然也可以到达顶峰，而且与正当的力量共振相比，肮脏的力量可能同样巨大，但它们永远也不会持久，因为它永远不能禁得起阳光的照射。即便人们通过这些办法取得所谓的成功，这些成功也难以通过正常渠道展示给世人，小则被世人诟病或成为笑谈；中则自己总有一天付出更大的代价来偿还；而大则给社会带来巨大的损失甚至是灾难，成为罪人。比如，通过污染环境来致富的例子，不胜可数。原罪永远不会真正地、完全意义上地被赦免。远的不说，中国大陆的制度还没有健全，很多人趁机发了不光彩的财。但是只要回顾10年来的富豪排行榜就很明显看出，不义之财如同过眼云烟，获取这些不义之财的人总是置身云里雾里，无论当时多么显赫，难免最后一脚踏空。而真正在富豪榜上留下来的，总是那些禁得住拷问的，并且行为端正的人。反观刘先生所提示的成功路径，充满了激情和挑战：敢于改变命运曲线，向强大的外力靠拢 ，并与之共振，到达成功的顶点。这样的成功给人带来的感觉是踏踏实实的。

敢于改变命运曲线，向强大的外力靠拢，并与之共振，到达成功的顶点。这样的成功给人带来的感觉是踏踏实实的。

保富

看两人表情严峻，刘先生换了轻松的语气说道：“你们都是很有灵性的年轻人，又得到我的真传，我相信你们一定会在将来的某个时间取得别人可望而不可即的事业成功。但是创富容易，守富难，你们打算怎样来保护你们将来的财产呢?”

在刘先生的询问下，徐灿回答说："我会加倍努力工作，并小心谨慎，学会控制风险。让子女受到好的教育和锻炼，能够继承和发扬我的事业，我还会把刘先生给我的这些启示传给他们。"

Leo回答说："我想我会找到有能力的、可以信任的人继续管理这个企业。成立信托基金来管理是比较合适的手段。当然，如果我能有这么多钱的话。"说完之后，自己知道有些不妥，不好意思地笑了笑。

刘先生摇摇头，想了想才说道："创业不容易，但财富散去可是世界上最容易的事情，俗话说，富不过三代，你们要有准备。曾国藩有个外孙叫做聂云台，这个人学贯中西，1949年以前曾任上海商会会长，他曾在《申报》上刊登连载文章，最后集结成为一本小册子，取名叫《保富法》，用了无数他所见的案例，证实如果财富积累来自不光明的途径，那么，这些财富根本无法保留，更糟糕的是，后人反而因此受累。这个小册子半个小时就能读完，在网上一搜索就能找到，你们回去好好读一下，如何在真正意义上保有我们的财富，这个小册子说得很透彻，看你们看过之后会有什么感受吧。"

刘先生接着说道："富贵是一种品格，当你富有了，不需要炫耀你的财富或者向别人证明你的财富，因为你已经富有了，还需要向别人证实吗？对待自己的财富要有什么态度，我觉得老子说得很好，'知其雄，守其雌，为天下溪。知其白，守其黑，为天下式。'雄，譬如是有钱有势，可以骄傲，是人人所贪图的，但有智慧的人，会反过来，避免这样煊赫的气焰，极力地向平淡卑下的方面去做，'为天下溪'这句话是众人反而归服他的意思。'白'的意思，譬如作大官，享大名，体面荣华，别人羡慕，这也是人人所求之不得的，但是有智慧的人，反过来，却要避免体面荣华，极力地韬光养晦退让谦虚，那么天下都是你的。得了天下的式，那你有多少能量可以驾驭啊！”老子是历史上最透彻的觉悟者之一，这种说法，无疑让两个人很信服。

刘先生的话深深地印入了徐灿的心里。做事情需要顺应基本道德尺度，不择手段、唯利是图难以持久，难免会坠入万劫不复的深渊；为富不仁，在财富散尽后，也要留下被人耻笑的把柄。成功需要遵循这种“商道”。

离别

刘先生也许是真正配得上说这番话的人，徐灿后来才知道，刘先生在此次来新西兰之前，已经把企业上市，并把财产托付给信托基金。做到了“功遂身退”。他将再次回到在中国的家乡小镇，落叶归根。

刘先生此刻在两人面前，不再像那个睿智的老师，而是如同慈祥的老人，告诫两个年轻人说：“人生中会经历几次面临选择的关头，就如同在火车站等车一样，决定了踏上哪辆列车，开出站台在到达下一站之前，是没有办法改方向的。一旦方向选错，要么学会接受前面无论怎样的结果，要么花大力气来改变。如果不去选择，可能会比你的同辈落后一大截。去问过来人，人生中有什么遗憾的事情，大部分人会告诉你他曾经可以抓住但是没有去抓的一些机会，或者说，错过一些机会。最后我想建议你们，如果觉得应该去做就不要犹豫，失败了也不必后悔，白手创业就一定会经历置之死地而后生的情形。”

徐灿和 Leo 不停地点头。他们知道这几个月来的超级培训结束了。想到刘先生要和他们暂别，徐灿激动地两眼噙着泪花。刘先生连忙安慰两个小伙子，青山常在，绿水长流，希望看到他们成功的那一天，并欢迎他们来中国看望他。

徐灿和Leo走出刘先生家，夕阳西下，把眼前一片山坡都染成金黄色，长得高高的草被风吹动，猎猎作响。秋天的山峦不需要额外装点就显露出成熟的味道。徐灿发动了他的那辆老车，和Leo一道驶下山去。前途是未知的，但他们心里已经下定了决心，要一道打出一片天地来。

前途是未知的，但他们心里已经下定了决心，要一道打出一片天地来。

后续

跟随刘先生短短几个月，两个年轻人像是有一种顿悟的感觉。修行的人说“悟”只是走了一半路而已，还需要去“证”，证是把悟出来的道理在实践中证实的过程。正确的道理应该能够在各种情况下都经得起考验，如果理论只能在实验室里有效，并非放之四海而皆准，那有什么用处呢？

刘先生离开新西兰之后，两个年轻人并没有像充满电的马达那样立即高速运转起来，而是令人惊奇地平静，两人手里各自握着一把钥匙，耐心等待时机的到来。刘先生短暂的停留给两个年轻人一个彻底的改变。Leo 利用大量的业余时间来学习商学院的课程，徐灿也在上课的同时多多增加实践的机会。两个人如饥似渴地吸取有用的知识。比如，谈判、营销、激励还有财务管理、金融等等。

正是刘先生走后的一年，徐灿从商学院如期毕业，获得工商管理硕士学位，想找 Leo 单独庆祝一下，没有想到 Leo 先打了电话给徐灿，相约见个面，就在他们相识的那个地方。

面对着汹涌澎湃的塔斯曼海，再次来到那个面海悬崖上的广场，Leo 打开香槟，庆祝徐灿顺利完成学业。同时告诉徐灿一个令人吃惊的消息，听从家庭的呼唤，Leo 很快就要回中国了。以前他从未提起过他的家庭情况，事实上，Leo 家族是刘先生多年的生意伙伴，在中国经营着非常成功的企业。Leo 作为长子，自然责无旁贷要担负起振兴企业的重任。经过多年的海外锻炼，现在正是时候了。分别在即，徐灿并没有黯然神伤，两个人都要重新开始了，前途虽然未知，但是这不正是两个人期盼的大展身手的时候吗？

未来，两个年轻人肯定要走两条不同的路，他们将面对什么样的机遇和挑战，以及他们会怎样使用刘先生传授给他们的思维方式获取成功呢？敬请等待后续系列。